适合企业管理人员、人力资源管理人员阅读

HUMAN RESOURCES

现代人力资源管理创新研究

江莉 崔兆霞 曲海玲 ◎著

XIANDAI RENLI ZIYUAN GUANLI
CHUANGXIN YANJIU

人力资源规划、工作分析、员工招聘、培训与开发
绩效管理、薪酬管理、职业生涯管理

中国出版集团
中译出版社

图书在版编目（CIP）数据

现代人力资源管理创新研究／江莉，崔兆霞，曲海
玲著. -- 北京：中译出版社，2024.2
　ISBN 978-7-5001-7783-8

　Ⅰ.①现… Ⅱ.①江… ②崔… ③曲… Ⅲ.①人力资
源管理-研究 Ⅳ.①F243

　中国国家版本馆 CIP 数据核字（2024）第 052047 号

现代人力资源管理创新研究
XIANDAI RENLI ZIYUAN GUANLI CHUANGXIN YANJIU

著　　者：江　莉　崔兆霞　曲海玲
策划编辑：于　宇
责任编辑：于　宇
文字编辑：田玉肖
营销编辑：马　萱　钟筱童
出版发行：中译出版社
地　　址：北京市西城区新街口外大街 28 号 102 号楼 4 层
电　　话：（010）68002494（编辑部）
邮　　编：100088
电子邮箱：book@ctph.com.cn
网　　址：http://www.ctph.com.cn

印　　刷：北京四海锦诚印刷技术有限公司
经　　销：新华书店
规　　格：787 mm×1092 mm　1/16
印　　张：11.5
字　　数：227 千字
版　　次：2024 年 2 月第 1 版
印　　次：2024 年 2 月第 1 次印刷

ISBN　978-7-5001-7783-8　　定价：68.00 元

前　言

现代人力资源管理奉行"以人为本"的理念，树立"人才资源是生产力第一资源"的理念，资本、技术、信息、知识及各种生产要素都要通过人的配置实行优化组合，产生乘数效应。建立科学先进的人力资源管理开发机制，尊重人、理解人、培育人，真正把员工当作企业的主人，充分发挥员工的积极性和创造力，在企业可持续发展中发挥重要作用。从战略高度出发，培养知识型员工对实现企业的可持续发展意义重大。企业要把培养知识型员工作为现代人力资源管理开发的基本任务，落实各项培训措施，提高员工的综合素质，从而促进企业的可持续发展。

本书是一本关于现代人力资源管理创新研究方面的书籍。全书首先对现代人力资源管理的基础理论进行简要概述，介绍了人力资源管理的基本概念、发展趋势、创新理念等内容；然后对人力资源管理实践的相关问题进行梳理和分析，包括员工的培训与开发、绩效考评、薪酬管理等方面；之后针对人力资源管理创新的发展方向进行探讨。

本书在创作过程中参考了许多相关领域的著作、论文、教材等，引用了国内外部分文献和相关资料，在此一并对作者表达诚挚的谢意和致敬。由于现代人力资源管理工作涉及范畴比较大，作者在撰写的过程中难免会存在一定的不足，对一些相关问题研究不透彻，恳请相关专业人士、同行以及广大读者斧正。

编者

2024 年 2 月

目　录

第一章　人力资源管理概述 ································ 1

　　第一节　人力资源管理的基本概念 ····················· 1

　　第二节　人力资源管理的发展趋势 ····················· 7

　　第三节　人力资源管理创新的管理理念 ················· 11

第二章　人力资源规划 ································ 21

　　第一节　人力资源规划与预测 ······················· 21

　　第二节　人力资源规划的制订 ······················· 32

第三章　员工的培训与开发 ································ 37

　　第一节　员工培训与开发概述 ······················· 37

　　第二节　员工培训与开发系统的构建 ·················· 41

　　第三节　员工培训需求与培训计划的制订 ·············· 49

　　第四节　员工培训计划的实施与评估 ·················· 54

第四章　绩效考评与薪酬管理 ································ 59

　　第一节　绩效考评及薪酬管理基础 ···················· 59

　　第二节　绩效考评的方法及问题防范 ·················· 71

　　第三节　薪酬管理的体系与员工福利 ·················· 77

第五章　互联网时代生态型人力资源管理创新 ·············· 87

第一节　互联网时代企业人才生态链的重构 ·············· 87

第二节　人才生态链下的人力资源管理手段和方法 ·············· 91

第三节　用创新思维构建人力资源生态圈的实践策略 ·············· 96

第六章　积极组织行为学与企业人力资源管理创新 ·············· 105

第一节　积极行为的激励理论与应用 ·············· 105

第二节　积极组织行为学对人力资源管理的作用 ·············· 122

第三节　积极组织行为学的新视角——心理资本 ·············· 133

第七章　大数据背景下的人力资源管理模式创新 ·············· 141

第一节　大数据及其应用功能 ·············· 141

第二节　大数据与人力资源管理的关系 ·············· 151

第三节　基于大数据技术的人力资源管理实践创新 ·············· 161

参考文献 ·············· 175

第一章

人力资源管理概述

第一节　人力资源管理的基本概念

一、人力资源的概念与特征

资源泛指社会财富的源泉，是能给人带来新的使用价值和价值的客观存在物。在管理中，"人、财、物"中的"人"即人力资源。现代管理科学普遍认为，经营好企业需要四大资源：人力资源、经济资源、物质资源、信息资源。而在这四大资源中，人力资源是最重要的资源。它是生产活动中最活跃的因素，被经济学家称为第一资源。

（一）人力资源的概念

人力资源的观点起源于 20 世纪 60 年代。人力资源是与自然资源或物质资源相对的概念，是指一定范围内人口总体所具有的劳动能力的总和，是指一定范围内具有为社会创造物质和精神财富、从事体力劳动和智力劳动的人们的总称。

对这一概念进行如下进一步解释：第一，人力资源是以人为载体的资源，是指具有智力劳动能力或体力劳动能力的人们的总和。第二，人力资源是指一个国家或地区有劳动能力的人口总和。第三，人力资源与其他资源一样，也具有物质性、可用性、有限性、归属性。第四，人力资源既包括拥有成员数量的多少，也包括拥有成员的质量高低。它是存在于人体中以体能、知识、技能、能力、个性行为等特征为具体表现的经济资源。

（二）人力资源的特征

1. 开发对象的能动性

人力资源在经济活动中是居于主导地位的能动性资源，这与自然资源在开发过程中的被动地位截然相反。劳动者总是有目的、有计划地运用自己的劳动能力，能主动调节与外部的关系，具有目的性、主观能动性和社会意识性。劳动者按照在劳动过程开始之前已确定的目的，积极、主动、创造性地进行活动。能动性也是人力资源创造性的体现。

2. 生产过程的时代性

人是构成人类社会活动的基本前提。不同的时代对人才需求的特点不同，在其形成的过程中会受到外界环境的影响，从而造就不同时代特点的人力资源。

3. 使用过程的时效性

人力资源的形成、开发、使用都具有时间方面的制约性。作为人力资源，人能够从事劳动的自然时间又被限定在其生命周期的中间一段。不同的年龄阶段，人的劳动能力各不相同。无论哪类人，都有其最佳年龄阶段和才能发挥的最佳期。所以开发和利用人力资源要讲究及时性，以免造成浪费。

4. 开发过程的持续性

物质资源一次开发形成最终产品后，一般不需要持续开发。人力资源则不同，需要多次开发、多次使用。知识经济时代，科技发展日新月异，知识更新速度非常快，人力资源一次获取的知识总量不能够维持整个使用过程，需要不断地积累经验，通过不断学习更新自己的知识，提高技能，增强自我能力。这就要求人力资源的开发与管理要注重终身教育，加强后期培训与开发，不断提高其知识水平。因此，人力资源开发必须持续进行。

5. 闲置过程的消耗性

人力资源具有两重性，它既是价值的创造者，又是资源的消耗者。人力资源需要维持生命必不可少的消耗，同时又具有使用过程的时效性。资源闲置，无论是对组织还是对个体而言都是一种浪费。

6. 组织过程的社会性

人力资源活动是在特定社会组织中的群体活动。在现代社会中，在高度社会化大生产的条件下，个体要通过一定的群体来发挥作用，合理的群体组织结构有助于个体的成长及高效地发挥作用，不合理的群体组织结构则会对个体构成压力。人力资源的形成、使用与开发受到社会因素的影响，包括历史、文化、教育等多方面。这就给人力资源管理提出了要求，既要注重人与人、人与团体、人与社会的关系协调，又要注重组织中团队建设的重要性。

二、人力资源管理的概念与特点

（一）人力资源管理的概念

人力资源管理是对人力资源的获取、使用、保持、开发、评价与激励等方面进行的全过程管理活动，通过协调人与事的关系，处理人与人之间的矛盾，充分发挥人的潜能，使人尽其才、物尽其用、人事相宜，从而促使人力资源价值的充分发挥，以实现组织的目标和个人的需要。对于概念的进一步理解有三种。第一，人力资源管理包括对人力资源进行量的管理和质的管理两方面：一方面，通过获取与整合，满足组织对人员数量的要求；另一方面，通过对人的思想、心理和行为进行有效管理，充分发挥人的主观能动性，以达到组织目标。第二，人力资源管理要做到人事相宜，即根据人力和物力及其变化，对人力资源进行招聘、培训、组织和协调，使两者经常保持最佳比例和有机结合，使人和物都发挥出最佳效益。第三，人力资源管理的基本职能包括获取、整合、激励、调控和开发，通过这一过程完成求才、用才、育才、激才、护才、留才的整个管理过程，这也是人力资源管理的六大基本任务。

（二）人力资源管理的特点

1. 人力资源管理是一门综合性的科学

人力资源管理的主要目的是指导管理实践活动。而当代的人力资源管理活动影响因素较多，内容复杂，仅掌握一门知识是不够的。它综合了经济学、社会学、人类学、心理学、统计学、管理学等多个学科，涉及经济、政治、文化、组织、心理、生理、民族、地缘等多种因素。只有综合性的人力资源管理措施才能实现一个企业或组织健康、持久地发展。

2. 人力资源管理是一门实践性很强的科学

人力资源管理是通过对众多的管理实践活动进行深入的分析、探讨、总结，并在此基础之上形成理论的科学，而产生的理论直接为管理实践活动提供指导，并且接受实践的检验。

3. 人力资源管理是具有社会性的科学

人力资源管理是一门具有社会性的科学，其内容和特点受文化、历史、制度、民族等社会因素的影响。所以，对人力资源进行管理，必须考虑到人力资源所处的社会环境。不同社会环境中的人力资源管理活动有着不同的规律，形成的管理理论也有其自身的特殊性。

4. 人力资源管理是具有发展性的科学

人力资源管理正处于不断发展完善的过程当中，有些内容还要进行修改，还需要一个不断深入的认识过程，使之能够更有效地指导实践。人力资源管理的发展到目前为止经历了手工制作、科学管理、人际关系运动、行为科学和学习型组织这五个阶段。

三、人力资源管理的基本职能

（一）获取

人力资源管理根据组织目标确定所需的人员条件，通过规划、招聘、考试、测评、选拔，获取组织所需的人力资源。获取是人力资源管理工作的第一步，是后面四种职能得以实现的基础，主要包括人力资源规划、职务分析、员工招聘和录用。

（二）整合

整合是使被招收的员工了解企业的宗旨和价值观，使之内化为他们自己的价值观。通过企业文化、信息沟通、人际关系和谐、矛盾冲突的化解等有效整合，使企业内部的个体目标、行为、态度趋向企业的要求和理念，使之形成高度的合作和协调，发挥集体优势，提高企业的生产力和效益。

（三）激励

激励是指给予为组织做出贡献的员工奖酬的过程，是人力资源管理的核心。根据对员工工作绩效进行考评的结果，公平地向员工提供与他们各自的贡献相称的合理的工资、奖励和福利。设置这项基本职能的根本目的在于增强员工的满意感，提高其劳动积极性和劳动生产率，进而提高组织的绩效。

（四）调控

调控是对员工实施合理、公平的动态管理的过程，是人力资源管理的控制与调整职能，它包括以下两点：一是科学、合理的员工绩效考评与素质评估。二是以考绩与评估结果为依据，对员工采用动态管理，如晋升、调动、奖惩、离退、解雇等。

（五）开发

开发是人力资源开发与管理的重要职能。人力资源开发是指对组织内员工素质与技能的培养与提高，是提高员工能力的重要手段。它包括组织和个人开发计划的制订、新员工的工作引导和业务培训、员工职业生涯的设计、继续教育、员工的有效使用及工作丰富化等。

四、人力资源管理的目标与意义

（一）人力资源管理的目标

1. 改善工作生活质量，满足员工需要

工作生活质量可以被描述为一系列的组织条件和员工工作后产生的安全感、满意度及自我成就感的综合，它描述了工作的客观态度和员工的主观需求。良好的工作生活质量能够使工作中的员工产生生理和心理健康的感觉，从而有效地提高工作效率。

2. 提高劳动生产率，获得理想的经济效益

劳动生产率、工作生活质量和企业经济效益三者之间存在着密切的联系。从人力资源管理的角度讲，提高劳动生产率是让人们更加高效而不是更加辛苦地工作。人力资源管理能够有效地提高和改善员工的生活质量，为员工提供一个良好的工作环境，以此降低员工流动率。通过培训等方法，实现人力资源的精干和高效，提高潜在的劳动生产率，从而获得理想的经济效益。

3. 培养全面发展的人才，获取竞争优势

随着经济全球化和知识经济时代的到来，人力资源日益成为企业竞争优势的基础，大家都把培养高素质的、全面发展的人才当作首要任务。通过对人力资源的教育与培训、文化塑造，可以有效地提高人力资源核心能力的价值，获取竞争优势。

（二）人力资源管理的意义

1. 有利于促进生产经营的顺利进行

企业拥有三大资源，即人力资源、物质资源和财力资源。物质资源和财力资源的利用是通过与人力资源的结合实现的，因此人力资源是企业劳动生产力的重要组成部分。只有通过合理组织劳动力，不断协调劳动对象之间的关系，才能充分利用现有的生产资料和劳

动力资源，使它们在生产经营过程中最大限度地发挥其作用，形成最优的配置，保证生产经营活动顺利地进行。

2. 有利于调动企业员工的积极性，提高劳动生产率

企业必须善于处理好物质奖励、行为激励及思想教育工作三方面的关系，使企业员工始终保持旺盛的工作热情，充分发挥自己的专长，努力学习技术和钻研业务，不断改进工作，从而达到提高劳动生产率的目的。

3. 有利于减少不必要的劳动耗费

经济效益是指经济活动中的成本与收益的比较。减少劳动耗费的过程，就是提高经济效益的过程。所以，合理组织劳动力、科学配置人力资源，可以促使企业以最小的劳动耗费取得最大的经济成果。

4. 有利于企业实现科学管理

科学而规范的企业管理制度是现代企业良性运转的重要保证，而人力资源管理又是企业管理中最为关键的部分。如果一个企业缺乏优秀的管理者和优秀的员工，企业即使拥有再先进的设备和技术，也无法发挥效果。因此，通过有效的人力资源管理，加强对企业人力资源的开发和利用，做好员工的培训教育工作，是企业实现科学管理和现代管理的重要环节。

5. 有利于建立和加强企业文化建设

企业文化是企业发展的凝聚剂和催化剂，对员工具有导向、凝聚和激励作用。优秀的企业文化可以增进企业员工的团结和友爱，减少教育和培训经费，降低管理成本和运营风险，并最终使企业获得巨额利润。

五、现代人力资源管理与传统人事管理的区别

（一）产生的时代背景不同

人事管理起源于 20 世纪初，是随着社会工业化的出现与发展应运而生的。而人力资源管理是在社会工业化迅猛发展，科学技术高度发达，人文精神日益高涨，竞争与合作不断加强，特别是社会经济有了质的飞跃的历史条件下产生和发展起来的。

（二）对人的认识不同

传统人事管理将人视为等同于物质资源的成本，将人的劳动看作一种在组织生产过程

中的消耗，把人当作一种工具，注重的是投入使用和控制，即人事管理主要关注如何降低人力成本、如何正确地选拔人、如何提高人员的使用效率和生产效率、如何避免人力成本的增加。

而人力资源管理把人视为组织的第一资源，将人看作"资本"。这种资本通过有效的管理和开发可以创造更高的价值，它能够为组织带来长期的利益。

因此，现代人力资源管理更注重对人力的保护和开发。

（三）基本职能不同

传统的人事管理基本上属于行政事务性的工作，其职能是具体的、技术性的事务管理职能，活动范围有限，主要由人事部门职工执行，很少涉及企业高层战略决策。而人力资源管理的职能具有较强的系统性、战略性和时间的长远性。为实现组织的目标，建立一个人力资源规划、开发、利用与管理的系统，可以提高组织的竞争能力。因而，现代人力资源管理与传统人事管理的最根本区别在于，现代人力资源管理具有主动性、战略性、整体性和未来性，更适合当今全球经济一体化的组织管理模式与发展趋势。

第二节 人力资源管理的发展趋势

一、人力资源管理理论的发展阶段

人力资源管理是生产力发展到一定阶段的产物，随着生产力的发展和员工素质的提高，人力资源管理的理念和模式不断地被调整，以适应新的管理环境的需求。人力资源管理理论经历了从无到有、由简单到成熟的不断发展和完善的过程。其形成和发展过程可以划分为以下五个阶段。

（一）手工制作阶段

这一阶段是人力资源管理萌芽的阶段，生产的形式主要以手工作坊为主。为了保证工人具有合格的技能，工场主对工人技能的培训是以组织的方式进行的。这些手工业行会由一些经验丰富的师傅把持，每一个申请加入的人都需要经过一个做学徒工的时期。由于此时的管理主要是经验式管理，因而各种管理理论只是初步提出，尚未形成系统化。

（二）科学管理阶段

随着欧洲工业革命的爆发，大机器生产方式成为主流。农村人口大量涌入城市，雇佣劳动产生，雇佣劳动部门也随之产生。工业革命的一个显著的特征即机械设备的发展，用机器取代人力和寻求更高效的工作方法，成为当时管理的首要问题。工业革命促使劳动专业化水平及生产效率的提高，这就需要有专职的部门对员工进行管理和培训，管理人员随之产生，同时人们开始了对人力资源管理的研究。

美国著名管理学家、经济学家、被后世称为"科学管理之父"的弗雷德里克·泰勒在其著作《科学管理原理》中阐述了以效率为核心的劳动力管理，认为对员工的管理不应完全偏重于消极的防范与监督，而应通过选用、培训、考核、物质刺激等方式来调动和发挥其积极性，提高劳动生产率。

这一时期人力资源管理的特点包括把人视为"经济人"，把金钱作为衡量一切的标准，仅强调物质因素对员工积极性的影响，人力资源管理主要是雇佣关系，工人处于被动执行和接受指挥的地位；以工作定额、工作方法和工作环境标准化为主的管理方式，开始对劳动效果进行科学合理的计算；根据标准化的方法，有目的地对员工实施培训，根据员工的特点分配适当的工作；明确划分了管理职能和作业职能，劳动人事管理部门随之出现。

（三）人际关系运动阶段

霍桑试验拉开了人际关系运动的大幕。1924—1932 年，研究者在美国芝加哥西方电气公司霍桑工厂进行了著名的霍桑试验。这一试验的最初目的是根据科学管理原理，探讨生产环境对劳动生产率的影响。试验结果出乎研究者的预料，不论照明强度提高还是降低，产量都增加了，试验者对这一结果无法找到合理的解释。于是，1927 年开始，哈佛商学院的梅奥教授和他的同事加入试验中。

又经过了福利试验、访谈试验、群体试验和态度试验，到 20 世纪 30 年代初，得到的研究结果表明，生产率直接与员工士气有关，而员工士气的高低取决于主管人员对工作群体的重视程度、非强制性地改善生产率的方法和工人参与变革的程度。

霍桑试验的结果启发人们进一步研究与工作有关的社会因素的作用。肯定人是"社会人"，而不是"经济人"，即人是复杂社会系统的成员，人除了物质需求外，还有社会、心理等方面的需求。另外，在管理形式上，企业中除了正式组织外还存在非正式组织，管理者要重视非正式组织的作用。

（四）行为科学阶段

20 世纪 50 年代，人际关系学说进一步发展成行为科学理论。行为科学是所有以行为作为研究对象的科学的总称，包括心理学、社会学、社会心理学、人类学、政治学等。它重视对个体心理和行为、群体心理和行为的研究和应用，侧重对人的需要和动机的研究，这都与人力资源管理有着直接的关系，从而也为人力资源管理奠定了理论基础。

（五）学习型组织阶段

所谓学习型组织是指具有持续不断学习、适应外界变化和变革能力的组织。在一个学习型组织中，人们可以抛开他们原有的思考方式，能够彼此开诚布公地去理解组织真正的运作方式，去构建一个大家都能一致同意的计划或者愿景，然后一起同心协力地实现这个目标。"以人为本"的管理理念得到了进一步发展。

二、人力资源管理发展的新趋势

随着企业管理的逐渐发展，企业越来越重视"人"的作用，逐渐提高了人力资源是企业最重要的资源这一认识。因此，人力资源管理成为现代企业发展中一项极为重要的核心技能，人力资源的价值成为企业核心竞争力衡量的关键性标志之一。随着经济全球化的发展，人力资源管理受到了重大的影响和挑战，如信息网络化的力量、知识与创新的力量、顾客的力量、投资者的力量、组织的速度与变革的力量等。21 世纪，人力资源管理既有着工业文明时代的深刻烙印，又反映着新经济时代游戏规则的基本要求，从而呈现出新的发展趋势。

（一）人力资源战略地位日益加强

新形势下，人力资源管理要为企业战略目标的实现承担责任。人力资源管理在组织中的战略地位上升，并在组织上得到保证，如很多企业成立人力资源委员会，使高层管理者关注并参与企业人力资源管理活动。人力资源管理不仅是人力资源职能部门的责任，更是全体管理者的责任。企业高层管理者必须承担对企业的人力资源管理责任，关注人力资源的各种政策。

（二）以人为本，"能本管理"

随着知识经济和信息时代的到来，工业时代基于"经济人"假设的人力资源管理工具越来越不适应管理实践的发展，人力资源管理趋向于以"社会人""复杂人"为假设的人本管理。人本管理要求管理者注重人的因素，树立人高于一切的管理理念，并在其管理实践过程中形成一种崭新的管理思想，就是以人的知识、智力、技能和实践创新能力为核心内容的"能本管理"。"能本管理"是一种以能力为本的管理，是人本管理发展的新阶段。"能本管理"的本质就是尊重人性的特征和规律，开发人力，从而尽可能发挥人的能力，以实现社会、组织和个人的目标。

（三）着眼于激活员工的创造性

创新是企业的生命和活力，更是企业生存和发展的决定性因素，知识经济时代的核心特征是涌现大批持续创新的人才。因此，企业人力资源管理的重点就是要激发人的活力、挖掘人的潜力、激活人的创造力，通过引导员工了解企业发展目标，围绕具体项目，赋予他们一定的处置权和决策权，并完善相关的薪酬晋升和约束机制，鼓励员工参与企业管理和创新，给予他们足够的信任，使其感到自己对企业的影响力，从而释放人力资源的创造潜能，为企业发展开辟永不枯竭的动力源泉。

（四）人力资本特性突出

人力资本是指企业员工所拥有的知识、技能、经验和劳动熟练程度等。在当今知识经济时代，知识、技术和信息已成为企业的关键资源，而人是创造知识和应用知识的主体。因此，人力资本成为企业最关键的资源，也是人力资源转变为人才优势的重要条件。现代人力资源管理的目标指向人的发展，就是要为员工创造良好的工作环境，帮助或引导员工成为自我管理的人，在特定的工作岗位上创造性地工作，在达到企业功利性目标的同时，实现员工全面的自我发展。应该注意的是，人力资本不仅是一种资本，也是一种实际的投资行为，因而人力资本的投入是要求有一定的收益相匹配的。

（五）人力资源管理全球化、信息化

随着世界各国经济交往和贸易的发展，全球经济日益成为一个不可分割的整体，这种经济变化趋势已彻底改变了竞争的边界。国际竞争的深化必然推动企业在全球范围内的资源配置，更包括人力资源的全球配置。管理人力资源的难度、培训的难度、不同文化的冲突、跨文化管理，都将成为企业人力资源管理的重要课题。此外，知识经济也是一种信息经济、网络经济，人力资源也将逐步融入信息时代，呈现出鲜明的信息化和网络化特征。

企业要想使自己的人力资源管理顺应时代发展的潮流，就应该牢牢把握住人力资源管

理发展的新趋势，与时俱进，不断创新，在符合人力资源管理发展方向的前提下，结合自己企业的特点，制定出切实可行的人力资源管理政策，为企业保驾护航，伴企业一路前行。

第三节 人力资源管理创新的管理理念

一、"人力资源管理创新是什么" 的审视

自从科学管理被提出以来，人力资源管理的理论和实践发生了很大的演化，尤其在最近 20 多年里，人力资源管理的职能和形式经历了明显的变化，从传统人力资源管理向战略人力资源管理、绿色人力资源管理进行多元化转变。人力资源管理的演变从某种意义上来讲就是一个不断创新的过程，那么关于人力资源管理创新的研究，自然逐渐进入学术研究的视野。

人力资源管理创新是管理创新概念在人力资源管理领域的延伸和发展。人力资源管理创新的定义也有狭义和广义之分。人力资源管理创新最初被定义为：为影响员工态度和行为而设计，并被组织成员感觉为新的程序、政策或实务。此种界定从狭义的角度来加以解释，人力资源创新是人力资源实践的变化或导入，这些人力资源管理实践相对于特定采用企业来说是崭新的，并能够为某特定企业创造价值。当然，狭义的定义能够区分人力资源管理创新和组织变革。所有的创新均隐含着变革，但并非所有的变革都涉及创新。当组织变革旨在改变组织内的社交系统时，人力资源管理创新是组织变革的目标；如果人力资源管理创新影响了员工的行为和态度，则组织变革就发生了。另外，从人力资源管理演变来看，既存在人力资源管理模式的根本性变革，也存在人力资源管理实践的渐进、微小的弱变化。因此，广义上的人力资源管理创新不仅对于特定组织是崭新的，而且对于人力资源管理领域来说也是全新的。

管理是实践性很强的知行合一活动，管理创新包括理念创新和实践创新。对于人力资源管理领域来说，规划的人力资源管理可能远远不同于实施的人力资源管理。因此，人力资源管理创新不再仅仅停留在理念、模式、方法、工具等转换阶段，而且需要在实践中实施和应用。例如传统人事管理由于过时而被 "把人放在战略决策中心地位" 的人力资源管理所取代。但是，涌现的人力资源管理并没有明晰管理实践的特殊形式，仅是揭示了人力资源管理中重要的道德问题。因此，人力资源管理常被批评为 "披着羊皮的狼"。人力资

源管理创新实践被认为是社会认知理论的折射，被界定为恰当地、坚定地运用人力资源管理创新。人力资源管理创新实践的三个维度包括：创新人力资源管理实践的导入程度、创新人力资源管理实践对组织目标实现的重要性及满意度、组织承诺的重要性，其中创新人力资源管理实践导入程度是影响组织承诺的重要因素。后来，人力资源管理创新实践被细化为既有区别又相互联系的四个维度，即人力资源管理创新的采纳数量、采纳速度、采纳创新的激进程度，人力资源部门对创新的态度，强调实践创新意愿和行为的重要性。

总体而言，人力资源管理创新既构成人力资源管理的重要内容，又成为人力资源管理的重要推动力量。人力资源管理能否持续创新决定了一个企业在人力资源管理领域是引领者还是模仿跟随者。其中，人力资源领导者将裁员和重组、再造、员工参与计划、团队工作再设计结合起来；人力资源落后者倾向于资助学校以建立伙伴关系、为员工提供灵活工作安排，开展多元化培训和指导人计划；人力资源跟随者由于受到短期压力、冷漠的中层管理人员和其他变革障碍的限制，被动等候其他公司的人力资源管理创新并模仿，无须承担创新的高昂成本但能够享受创新带来的超额收益。成功的人力资源管理创新是组织成功的重要决定因素，尤其是人力资源管理引领者能够赢得非常好的声誉，对企业核心竞争力的培育有至关重要的作用。

二、人力资源管理创新影响因素的诠释

现实生活中忽视人力资源管理创新的企业或者人力资源管理创新失败的企业比比皆是，所以探究影响人力资源管理创新的因素是理论界和实业界人士共同关注的焦点问题之一。四种理论方法能够被用来解释组织采纳或拒绝新人力资源管理实践的原因，其中经济法认为，组织采纳人力资源实践是基于有助于提高组织的经济收益；比对法把企业采纳人力资源实践归因于这些实践是否能够与战略目标匹配；决策法借助管理判断的约束合理模型，将采纳人力资源管理实践视为是否源于理性的管理决策；扩散法把采纳或拒绝决策归因于鼓励模仿的制度压力。归纳起来，这四种方法背后隐含着影响人力资源管理创新的内部因素和外部因素，二者相互影响、相互制约，最终决定人力资源管理创新的广度和深度。

（一）内部因素

人力资源管理理念和实践方式的变革创新不会自然而然地产生。从企业组织自身的角度来说，组织内部因素包括人力资源管理相关人员、组织结构与资源、组织文化等。大型组织各群体对人力资源管理创新（如质量圈、柔性实践、柔性福利、公开招聘、现金奖励

和健身计划）的接受程度，取决于群体在人力资源管理创新实践方面的经历、层级、资历等背景因素。其中，公司拥有人力资源管理创新的成功经历影响公司各群体接受新的创新可能性。人力资源管理相关人员素质的优劣直接影响着企业人力资源管理创新能力的高低，关系到创新的速度、质量和效果。人力资源专业人员的专业专长和变革管理的胜任力与直线经理和员工感知的人力资源管理有效性是紧密相关的；总经理在塑造独特的人力资源管理系统中提供人力资源管理的正统性、领导和资源方面，以及培育团体一致性和高层管理团队对人力资源角色达成共识上发挥重要作用；高级经理需要在不同管理层级之间解释一致的人力资源管理使命，为低层次管理者提供正式的和非正式的人力资源战略实施的方向、支持和授权。这些人力资源管理相关人员的个人特性与品质影响企业对人力资源管理创新的信念（知觉有用性与知觉易用性）。其中，知觉有用性进一步影响企业对人力资源管理创新的态度（创新偏好和创新意向）；知觉易用性影响创新偏好。

结构性组织特征（如规模和财产）可能与人力资源管理创新相关。具体来说，组织规模与人力资源管理创新呈现较强的线性关系，但只对计算型人力资源管理实践（旨在人力资源的有效利用）的创新有很大影响。因为人力资源管理创新涉及组织内社会系统的变革，所以这些创新的采纳和扩散归因于组织内部的社交过程。从而，强势文化企业比弱势文化组织更能因为不同的原因而实施人力资源管理创新。相关研究表明，正式化、集权化和人力资源部门氛围等企业内部文化的具体表现对人力资源管理创新的影响呈弱线性关系。

（二）外部因素

管理创新是公司内部环境和外部搜寻新知识的结果，需要在内部环境和外部搜寻知识之间保持平衡。外部因素有某种不确定性，增加了人力资源管理创新的难度。其中，面对复杂和多变环境，竞争压力迫使企业主动诊断人力资源问题，采用创新的人力资源管理实践。尤其是知识密集型产业，形成了多层次、多专业、多学历的员工多元化格局，必将对人力资源管理创新提出较高要求。例如产业嵌入对计算型人力资源管理实践和合作型人力资源管理实践（旨在促进雇员和雇主的目标实现）的应用有非常强的影响。工会、技术变革和劳动力市场状况能够区分不同产业领域的人力资源管理创新，具体来说，公司的外部美誉度与人力资源管理创新呈现非线性关系。其主要原因在于，健康的企业不仅需要在目标客户中拥有较好的品牌美誉度，更需要在现有员工和潜在员工中创建优秀的雇主品牌。组织为了在所在环境中表现更加合规和塑造美誉度，经常采取人力资源管理创新。此外，劳动力可用性和公众监督与人力资源管理创新也呈现较强的线性关系。当然，工会对人力资源管理创新是支持还是反对，取决于工会认为创新是对自身权力基础和制度保障的威胁，还是能够提升自身地位或影响力的机会。

总而言之，任何组织的人力资源管理系统都如生物机体一样，随着外部环境和内部环境的变化都需要不断调整和变革。因此，随着组织环境的发展变化、信息技术的日新月异、管理思想新时代的到来，企业的人力资源管理实践也发生了巨大的变化，新的人力资源管理政策和措施不断涌现，丰富了人力资源管理的内涵和功能。

三、不同主导逻辑下的人力资源管理理念演变

人力资源管理的逻辑起点是为了解决该领域问题而采取的各项人力资源管理措施。人力资源管理政策的形成过程包括人力资源管理理念、政策方案提出、政策选择、政策执行阶段，这也构成了人力资源管理创新范畴。因此，逻辑起点（人力资源管理理念）是人力资源管理创新必须面对的重要问题。逻辑起点选择的正确与否，直接决定人力资源管理实践的内在严密性。尤其人力资源管理理念的创新占据相当重要的位置，往往带来人力资源管理系统的重大突破。理念起源于两个前提——事实前提和价值前提，其中事实前提表示对世界描述性的看法；价值前提指对某些目标和行为的愿望性看法。组织管理背景下理念由一系列集成的假设和信念构成。创建组织的那些人（所有者）、管理组织的那些人（管理者，尤其是关键决策者）的假设与信念成为定义组织愿景的基础，这些假设和信念有时是决策者意向的外化，有时可能是决策者意向的内化。具体到人力资源管理领域来说，人力资源理念围绕管理者对人的信念和假设，涉及人的本质、需要、价值观和工作方法。这些信念和假设决定应该怎样对待人。

（一）企业主导逻辑人力资源管理理念

根据企业资源观，企业可以被视为独有并难以模仿的资源和能力的集合体，如果企业拥有这些与众不同的关键资源，就有可能赚取超额收益。鉴于人力资源是企业的核心资源之一，企业的资源观会进一步影响人力资源管理领域。对待人有三种方法：商品法、机器法和人性化方法，其中，在商品法中，人被当作商品一样能够以某个价格进行买卖；在机器法中，人被视为机器的零部件，能够像其他部件一样被装备。这两种方法是以"经济人"人性假设为前提，形成了以企业为中心的人力资源管理理念。岗位职责的完成或组织目标的实现是以企业为中心的人力资源管理创新的逻辑出发点和归宿点。因此，以企业为中心的人力资源管理政策往往只体现企业单方面的意图，系统地对人力资源各种部署和活动进行计划和管理，强调让员工遵循企业规章制度并完成工作任务，体现为控制型人力资

源管理。其中，具体实践形式或工具有绩效工资、高绩效工作系统、最佳人力资源管理实践、人力资源外包和电子化人力资源管理等。

从科学管理到战略人力资源管理，人力资源管理的关注点相应地从内部效率转移至企业战略，但均是基于以企业为中心的人力资源管理理念。在支持企业战略上，以企业为中心的人力资源管理能够被动或主动为战略价值做出贡献。其中，运营被动响应式人力资源管理关注实施人力资源的基本活动，包括管理福利、维持基于市场的薪酬水平、雇佣初级员工、提供基本技能培训；运营主动式人力资源管理关注人力资源基本活动的设计和传递的改善，包括人力资源流程再造、运用全面质量管理（TQM）原理到人力资源管理、营造工作场所中的积极道德氛围。战略被动响应式人力资源管理关注企业战略的实施，也就是说，在既定企业战略下，人力资源管理如何才能帮助和支持战略的成功实施，包括与企业战略要求相一致的技术知识的识别和开发、技巧性技能培育、企业文化、促进组织变革和把人力资源重组为服务中心；战略主动响应式人力资源管理则关注创造未来的战略方案，包括塑造创新文化、识别并购机会、创造持续追踪和比对产品市场的内部能力。

（二）员工主导逻辑人力资源管理理念

员工在企业中角色和地位的变化促使企业重新审视企业与员工的关系，重新认知和界定企业和员工的各自角色，并相应调整人力资源管理措施以适应这种变化。具体来说，雇主和雇员的界线越来越模糊，员工从人力资源管理政策的被动接受者转变为人力资源管理政策的共同制定者。随着人力资本的重要地位凸显，人被视为有生理需求的社会人，即对待人的人性化方法。因此，人力资源理念应该更加具体地考虑人的这些天赋。

由于人作为资源被管理，那么我们作为人意味着什么？在人性化方法中，人力资源理念基于以下信念：人是组织中最重要的资产；因为人拥有创造能力，这些创造力仅部分得到利用，从而在某种程度上人能够被开发；如果人形成组织归属感，那么他们就会对组织中的工作产生承诺；如果组织关心人并满足他们的需要，则他们可能形成归属感；如果人有机会充分发掘潜力并发挥这些潜力，则人就会做出最大贡献。人性化方法是以"社会人""自我实现人"的人性假设为前提的，所隐含的理念是员工导向，形成以员工为中心的人力资源管理。满足员工需求是以员工为中心的人力资源管理的出发点，塑造健康、激励的工作环境（如开放、激情、信任、互惠和合作），挖掘员工潜力。因此，以员工为中心的人力资源管理，侧重于强化员工和组织间的情感承诺，体现为承诺型人力资源管理。其中，具体实践形式或工具有员工持股计划、指导人计划、内部营销和家庭响应型人力资源政策等。

（三）利益相关者主导逻辑人力资源管理理念

一方面，组织被理解为利益相关者政治经济系统的组成部分，从而在员工—组织关系中存在其他利益相关者。尤其是全球化、工作本质变化和使利益相关者满意都对人力资源管理系统的有效性产生越来越大的影响，甚至有观点认为，组织环境可以主导人力资源管理政策的制定。因此，人力资源管理应该放在利益相关者网络中来加以考虑，另一方面，员工与雇主间的关系应该建立在社会契约之上，双方认可各自的权利和义务。然而，由于工作的变化本质、雇主偏好对员工不利的柔性就业、公共政策和制度体制变得不再保护员工权益，雇主的自愿行为并不能确保员工的权益，需要公共政策通过促进雇主与雇员形成伙伴关系以确保雇佣关系中的员工公平。久而久之，员工几乎没有任何权利，企业给予的一切并非由雇主提供，而是由政府法律法规确保的。例如病假、性骚扰和员工薪酬等都是遵照法律法规来处理，而不是基于伦理视角来考虑如何处理。因此，现代经济环境的竞争需要使人力资源专业人员对他们的组织担负起隐性伦理的责任。企业人力资源管理要合乎伦理的要求，发挥伦理的作用。

如果人力资源专业人员接受伦理管家（对许多利益相关者负责和最大化长期组织财富创造的治理模式），他们将更注意自己对组织的伦理职责和更有效地帮助组织创造更多的财富、实现可观的组织结果，建立使员工更满意的工作环境。因此，伦理法则是以利益相关者为中心的人力资源管理及其创新的逻辑起点，形成社会责任型人力资源管理，甚至绿色人力资源管理，实现企业内部员工的心态和谐、人态和谐和生态和谐。社会责任型人力资源管理和绿色人力资源管理代表着一种超越战略性人力资源管理的可持续发展管理理念，这也是人力资源管理的发展趋势。其中，具体实践形式或工具有平衡计分卡、绩效棱柱模型、带薪公益假、雇主品牌和体面劳动等。

综上所述，随着人力资源管理领域的不断创新，人力资源管理的核心理念在不断变化，经历了从以企业为中心的管理向以员工为中心的管理，再到以利益相关者为中心的管理演变，体现了微观契约主导逻辑到宏观契约主导逻辑的发展思路。其中以企业为中心的人力资源管理对员工的组织承诺没有显著的影响；以利益相关者为中心的人力资源管理（包括劳动法律合规型人力资源管理和社会责任型人力资源管理）对肯定承诺、持续承诺和规范承诺有显著的积极影响；以员工为中心的人力资源管理对肯定承诺和规范承诺有积极影响，但对持续承诺没有任何影响。这也侧面说明了从以企业为中心、以员工为中心到以利益相关者为中心的人力资源管理理念的演变不是扬弃而是继承，即后续理念是以前一阶段理念为基础的。

四、不同理念下人力资源管理实践的创新

人力资源管理创新带来的不仅仅是理念的更新，更是切实可操作的管理工具和管理方法，即人力资源管理实践。人力资源管理理念和期望的员工贡献是影响组织选择人力资源实践类型的工具性因素。其中，人力资源理念决定公司内人力资源管理实践的具体选择，期望的员工贡献决定哪种人力资源实践是可行的。当前，人力资源管理实践的形式多种多样，都是人力资源管理实践不断创新的结果。人力资源管理实践创新方法包括原始创新、集成创新、嫁接创新三种方式，其中原始创新是指在人力资源管理领域前所未有的管理工具、方法的重大发明；集成创新是指将现有的人力资源管理实践进行重组和搭配而形成新的人力资源管理实践，实现新的功能和作用；嫁接创新是将其他管理领域（如营销领域）的重要思想、实践嫁接到人力资源管理领域，从而产生新的人力资源管理实践。在三种不同的人力资源管理理念下，均存在原始创新、集成创新和嫁接创新三种方法来丰富人力资源管理实践的具体形式。

（一）以企业为中心的人力资源管理的实践创新

自从科学管理被提出，以企业为中心的管理理念就被采纳，人力资源管理实践形式也随之不断丰富，如绩效工资、人力资源外包、电子人力资源管理系统、高绩效工作系统和最佳人力资源管理实践。这些人力资源管理实践形式中，有些与差异化战略紧密相关，有些和组织能力紧密相关。当然，这些实践形式均是通过原始创新、集成创新和嫁接创新逐渐发展起来的，仍被企业广泛运用。

首先，嫁接不同领域的管理模式可以在人力资源管理力度和管理风格上实现新的突破。例如企业逐渐将信息技术嫁接到人力资源管理领域，标志着我们已经进入自我服务和基于网络的电子人力资源管理时代。电子人力资源管理被视为覆盖人力资源管理和信息技术的涵盖性术语，把人力资源工作本质变成信息中介者和决策支持角色，旨在改善人力资源管理效率和实现成本降低，有助于人力资源管理职能价值和战略价值的提升。此外，人力资源外包作为企业人力资源管理实践中的一个新领域，也是将外包思想从生产领域嫁接到人力资源管理领域，并结合人力资源特征而系统开发的实践形式，旨在提高人力资源管理效率。

其次，突破原有的思维模式和运作方式，实施人力资源管理实践的原始创新。例如从计件工资、佣金制演变而来的绩效工资属于一种前所未有的人力资源管理实践创新。绩效工资依据的理论基础是资源观的能力论，将绩效与薪酬联系起来，体现多劳多得的公平原

则，激发员工发挥潜力，积极完成业绩，成为推进企业战略目标实现的有效工具。

最后，通过集成创新系统化人力资源管理实践，突破单个人力资源管理实践的功能。以企业为中心的人力资源管理强调一系列人力资源管理实践的连贯性，以及内外部两方面的匹配，也就是人力资源管理与组织发展状态的外部匹配，人力资源管理模块之间补充和支持的内部匹配。例如最佳人力资源管理实践、高绩效工作系统就是人力资源管理实践的系统化而成的。并非所有的人力资源管理实践对员工的绩效结果都是同等有效的，所以组织需要识别和实施那些最有效的实践。例如培训问题在高速成长企业中是最重要的，在低速成长企业中是最不重要的；招聘问题在非成长企业中是最重要的，在低速成长企业中是不重要的。最佳实践作为一系列具体人力资源管理实践形式的集成，包含塑造服务导向的文化、建立非常强的资本库、激励员工和提供员工贡献机会等。虽然最佳人力资源管理实践得到较大关注，美国和英国的研究成果一致认为，某一特定的人力资源管理实践组合可以增加企业利润，且与企业、行业和国家背景无关，但是最佳人力资源管理实践也存在其他问题，无论是在某些具体实践的内涵、各种实践之间相互的一致性上，还是在某个版本的最佳实践具有普遍可适用性的论断上都存在问题。后来，高绩效工作系统识别一套最佳人力资源管理实践，涉及工作安全、新员工选拔招聘、自主管理团队和分散决策、绩效工资体系、员工培训、缩小管理层级、分享财务和业绩信息等有效人力资源管理实践。该系统是人力资源管理实践方面的系统集成创新结果，意味着对组织所面对的环境挑战能够更敏捷地响应。

（二）以员工为中心的人力资源管理的实践创新

以员工为中心的人力资源管理重新认识到人力资本的重要性。尽管人力资源管理一直强调人是组织中最重要的资产，但是管理实践中却一直陷入未能正名的尴尬境地。例如硬性人力资源管理和软性人力资源管理分别基于管理和人性控制策略两种相反的观点，公司经常宣称采用软性人力资源管理，然而员工经历的现实却是更关注类似硬性人力资源管理的策略控制。出现此种尴尬情况的主要原因在于：人力资源管理实践创新不足，难以支撑以员工为中心的人力资源管理理念的落实。经过理论界和实务界人士对人力资源管理的原始创新、集成创新和嫁接创新，以员工为中心的人力资源管理实践形式涌现了员工持股计划、指导人计划、员工参与计划、内部营销和家庭响应型人力资源政策（如弹性工作安排、弹性福利、员工援助计划和托儿服务）等。

首先，员工持股计划、指导人计划等人力资源管理实践形式是基于人力资本理论经过原始创新而开发的。这些支持性人力资源管理实践通过为员工提供参与决策的权利，享有公平的奖励和成长机会等，以促进员工组织支持感的发展。其中，员工持股计划是人力资本产权价值的实现形式，使员工享有剩余索取权的利益分享和拥有经营决策权的参与管理，同时满足了员工的精神需求和物质需求。由传统师徒制延伸发展的指导人计划是基于知识管理理论而设计的人力资源管理实践形式。该计划的实施基于人际互动的人才开发策略，促进隐性知识的共享和转移，对指导人和被指导人双方的职业效能均产生积极的影响。

其次，来自营销领域的思想和技术能够为以员工为中心的人力资源管理提供新的方法，即实现人力资源管理实践的嫁接创新。人力资源管理实践形式的功能是员工对管理服务需求的本质所在。

最后，家庭响应型人力资源政策是将现有的人力资源管理实践形式进行系统集成。作为人力资源管理创新的一种趋势，实践形式的集成是企业实现人力资源管理创新的一种有效途径。家庭友好型人力资源管理政策更适合伙伴关系或互惠组织情景，涉及员工援助计划、育婴假、弹性福利计划、弹性工作制和托儿服务等，会对员工的组织依赖产生影响。家庭响应型政策尤其是对急需这些福利的个体员工有积极的影响，获得家庭响应型政策的员工显著表现出更高的组织承诺和很低的离职倾向。

（三）以利益相关者为中心的人力资源管理的实践创新

人力资源管理的现有方法并没有把伦理考虑为中心依据，将难以支撑以利益相关者为中心的人力资源管理的实施。不同的公司会有明显不同的文化和信仰体系，从而意味着不同的公司及文化在微观社会契约上存在差异。企业不能宣称自己设定的伦理标准必定是普适性的，必须对来自不同企业的做法保持宽容。因此，企业在实施以利益相关者为中心的人力资源管理时也存在实践形式创新的空间。具体来说，以利益相关者为中心的人力资源管理实践形式或工具包括平衡计分卡、绩效棱柱模型、体面劳动、带薪公益假、雇主品牌等。这些实践形式或工具是经过原始创新、嫁接创新和集成创新而不断涌现的，并逐渐被企业界人士所接受。

首先，平衡计分卡、绩效棱柱模型等人力资源管理工具是从利益相关者视角经过原始创新而形成的。人力资源专业人员应嵌入公司社会责任中，将公司社会责任界定为伦理或以负责的方式对待利益相关者。把利益相关者的观点融入人力资源管理系统能够增强组织绩效和承诺，相应地，利用利益相关者分析来研究组织中的绩效、责任和权益问题，能识别对社会负责的人力资源管理实践。具体来说，平衡计分卡、寻求财务与非财务衡量、短期与长期目标、落后与领先指标，以及外部与内部绩效的平衡，满足了股东、员工和客户三个关键利益相关者的目标要求。但是，基于平衡计分卡的绩效管理系统只强调了企业人力资源管理对利益相关者所负的责任，并没有考虑对利益相关者的贡献责任。后来，安迪·尼利与安达信咨询公司联合开发的绩效棱柱模型关注所有重要利益相关者的需求，引入利益相关者的满意、利益相关者的贡献、组织战略、业务流程和组织能力五个关键要素，强调组织与利益相关者之间的互惠关系。与以企业为中心的人力资源管理实践相比，绩效棱柱模型的最大突破在于，绩效计量的起点应是为利益相关者创造价值的，而非公司战略。

其次，体面劳动是在以利益相关者为中心的人力资源管理领域下集成创新的具体结果形式。由国际劳工组织提出并试图在全球推行的体面劳动，包括劳动者的权利得到保护、有足够的收入、充分的社会保护和足够的工作岗位等，涉及面比较广。落实体面劳动战略，迫切需要我国企业在人力资源管理实践方面加大集成创新。

最后，带薪公益假、雇主品牌等人力资源管理实践则是通过嫁接创新的方式加以开发的。公司社区参与可能对人力资源管理结果（如员工激励、道德、承诺、招聘和保留、开发与团队工作）有积极的影响，但是现有的人力资源管理实践并没有在公民社区参与的决策和实施中扮演重要的作用。可以通过将社会学领域的公益活动引入人力资源管理领域，建立带薪公益假制度，鼓励员工与利益相关者之间建立紧密联系。例如腾讯公司为了鼓励员工体验公益项目、当志愿者、用行动帮助他人，实施员工公益假计划，率先开启企业公益假期的先河。雇主品牌则是将营销领域的品牌管理实践嫁接到人力资源管理领域，直接针对雇员或者潜在雇员，通过各种方式表明企业是最值得期望和尊重的雇主，以迎合目标人才的独特需求。

人力资源管理创新正成为中国企业甚至全球企业实施管理创新的重要领域。人力资源管理创新对于中国企业既是挑战，更是机遇。人力资源部门正面临成为管理团队中重要成员的机会，这要求人力资源部门进行实质上的再定位，相应地涉及新角色、新能力、新关系和新运营方式的革新。

第二章

人力资源规划

第一节　人力资源规划与预测

一、人力资源规划概述

人力资源规划处于整个人力资源管理活动的统筹阶段，为人力资源管理的其他活动制定了目标、原则和方法，其科学性、准确性直接关系着人力资源管理工作的成效。因此，制订好人力资源规划是企业人力资源管理部门的一项非常重要和有意义的工作。

（一）人力资源规划的内涵

1. 人力资源规划的定义

人力资源规划是指组织为了实现战略发展目标，根据组织目前的人力资源状况，对组织人力资源的需求和供给状况进行合理分析和预测，并据此制订出相应的计划和方案，确保组织在适当的时间能够获得适当的人员，实现组织人力资源的最佳配置，从而满足组织与个人的发展需要。具体而言，人力资源规划包括以下四个方面的含义。

（1）人力资源规划是对组织目标和组织内外环境可能发生变化的情况进行的分析和预测

市场经济条件下，市场环境瞬息万变，组织内部和外部环境也会相应地发生变化，不断变化的环境必然会对人力资源的供给状况产生持续的影响。人力资源规划的制订就是要及时把握环境和战略目标对组织的要求，做出科学的分析和预测，识别和应答组织的需要，使组织的人力资源能够适应环境的变化，适应组织未来各阶段的发展动态，保证组织的人力资源总是处于充足供给的状况，为组织总体目标的实现提供充分的人力资源保障。

（2）人力资源规划的制订以实现组织的战略发展目标为基础

在组织的人力资源管理中，人力资源规划是组织发展战略总规划的核心要件，是组织未来发展的重要基础条件。组织的人力资源规划要根据组织的战略发展目标来制订，在组织对未来的发展方向进行决策时能够提供所需的数据和适当的信息，以提高获取人力资源的效率及有效性，降低组织管理成本。

（3）人力资源规划的对象是组织内外的人力资源

人力资源规划的对象包括组织内部的人力资源及组织外部的人力资源。例如，对内部现存的人力资源进行培训、调动、升降职，对外部人力资源进行招聘、录用、培训等。随着组织战略目标的调整及组织外部环境的变化，应当及时制订和调整人力资源管理的方案，并有效实施。

（4）人力资源规划要实现组织目标与个人目标共同发展

人力资源规划是组织发展战略和年度规划的重要组成部分，它为组织未来的发展预先获取优秀的人才，储备人力资源，同时为合格的人才匹配最合适的岗位，为实现其个人价值提供机会，保证最大限度地发挥人才的潜能，满足人才职业生涯发展的需求，做到"人尽其才""能岗匹配"，吸引并留住优秀的人才资源，最终达到组织目标与个人目标的共同实现。

2. 人力资源规划的目标

组织的人力资源规划是能够为组织人事管理工作提供有效指导的一种人事政策，人力资源规划的实质在于通过对组织人力资源的调整和确定，保证组织战略目标的实现。人力资源规划的目标是保证人力资源状况与组织各阶段的发展动态相适应，尽可能有效地配置组织内部的人力资源，使组织在适当的时候得到适当数量、质量和种类的人力资源。

（1）在充分利用现有人力资源的情况下，组织要获取和保持一定数量具备特定技能、知识结构和能力的人员

组织中现有的人力资源在组织中具有不可替代的作用，对这些人员进行规划，使之能够跟上组织不断创新的步伐是人力资源规划的主要工作内容。而具备特定技能、知识结构和能力的人员在组织中更是起到中流砥柱的作用，因此，人力资源规划工作的目标就是要根据组织的需要及时补充与岗位相匹配的人员，为组织进行人才储备。

（2）预测组织中潜在的过剩人员或人力不足

组织拥有的人员过多，并不必然导致经济效益也会越多。相反，人员过多会使组织的管理成本过高，从而减少经营利润。但是如果人员过少，又会由于产品数量不足，满足不了市场的需要，从而导致经营收入降低。

德国人力资源专家马克斯在研究中发现：假设一个人有一份业绩，那么并不是人数越多，业绩就会成倍增加。实践中可能出现的结果是，一个人有一份业绩，两个人的业绩会小于两份业绩，四个人的业绩会小于三份业绩，到八个人时，这个团队的业绩竟然会小于四份。而美国人力资源协会做过的统计结果也表明：在一个三人组成的团队里面，有一个人是创造价值的；有一个人是没有创造价值的，是平庸的；还有一个人是创造负价值的。这似乎也印证了中国的那句俗话：一个和尚挑水喝，两个和尚抬水喝，三个和尚没水喝。因此，人力资源规划要对组织中潜在的人员过剩或不足情况进行合理的分析和预测，避免因人员过剩或短缺而造成损失，这样既可以降低组织用人成本，又有助于组织提高经营效益。

（3）建设一支训练有素、运作灵活的劳动力队伍，增强组织适应未知环境的能力

社会环境是动态的，国内经济的增长、停滞或收缩，政府对市场经济的宏观调控措施的严厉或放松，会影响行业的发展。行业的发展态势是继续保持现状、出现趋缓，还是竞争更加激烈，会对组织的人力资源供给产生重要的影响，这种影响主要来自市场对组织产品需求状况的变化和劳动力市场对组织人力资源供给状况的变化。人力资源规划要求全面考虑相关领域的各种情形及可能出现的各种变化，培育一支训练有素、动作灵活的人员队伍，提早做好准备，应对未来环境的变化，使组织在变化中立于不败之地。

（4）减少组织在关键技术环节对外招聘的依赖性

一般来说，在组织技术核心工作环节对掌握关键技术的员工依赖性比较大，科学技术的发展要求员工不断地更新知识、创新技术。组织的人力资源管理部门应当不断地对他们进行充分的培训，让员工能够掌握最前沿的信息技术，为组织创造最高的工作绩效，而不必完全依赖对外招聘来获得关键的技术人才。

为达到以上目标，人力资源规划需要关注以下焦点：组织需要多少员工；员工应具备怎样的专业技术、知识结构和能力；组织现有的人力资源能否满足已知的需要；是否有必要对原有的员工进一步培训开发；是否需要进行招聘；能否招聘到需要的人员；何时需要新员工；培训或招聘何时开始；企业应该制定怎样的薪酬政策以吸引外部人员和稳定内部员工；当企业人力资源过剩时，有什么好的解决办法；为了减少开支或由于经营状况不佳而必须裁员时，应采取何种应对措施；除了积极性、责任心外，还有哪些可以开发利用的人员因素；等等。

（二）人力资源规划的作用

人力资源规划是人力资源管理各项具体活动的起点和依据，它直接关系着组织人力资

源管理和整体工作的成败，更关系着组织战略目标的实现，它是整个组织战略的重要组成部分。

1. 人力资源规划是组织适应动态发展需要、提高市场竞争力的重要保证

人力资源规划是组织战略规划的重要组成部分，必须与企业的经营战略保持一致，为企业的整体战略规划服务。由于组织外部环境的不断变化，组织的战略也会进行相应的调整，从而使企业对人力资源的需求发生变化，这种需求的变化必然导致人力资源供需之间的失衡。因此，人力资源规划要求规划主体根据组织的长远发展目标和战略规划的阶段性进行调整，对人力资源进行动态统筹规划，预测人力资源的供求差异，努力平衡人力资源的需求与供给，及早制定出应对变化的调整措施，增强企业对环境的适应能力，使企业更有市场竞争力，及早实现企业的战略目标。

2. 人力资源规划是组织实施管理工作的起点和重要依据

人力资源规划对组织人员的招聘选拔、教育培训、薪酬福利、人员调整及人工成本的控制等工作都做了具体而详细的安排，是组织实施管理工作的起点。同时，人力资源规划还能提供大量的市场动态信息，使管理者能够随时了解和掌握社会环境中人力资源市场的变化状况，有效地帮助组织进行工作分析，及时做出应对措施，为组织实施管理工作提供重要依据。

3. 人力资源规划能够帮助组织科学地控制人工成本

工资是组织人工成本中最大的支出部分。组织不断发展壮大，员工职位不断提升，会使工资越来越高，造成组织人工成本不断增加。人力资源规划能够科学地预测员工未来在数量、结构方面的变化，并改善组织的人力资源结构，减少不必要的人力资源成本支出，使之更加合理，达到帮助组织科学地控制人工成本的目的。

4. 人力资源规划有助于调动员工的积极性

员工通过人力资源规划可以了解到组织未来对各个层次人力资源的需求，可以有更多的机会参加培训，提高自身素质和工作胜任能力，从而充分调动自身的工作热情，为自己设计有利于个人发展的道路，增加对工作的满意度，在岗位上发挥能动性和创造性，提高工作质量。

（三）人力资源规划的内容

人力资源规划是一项系统的战略工程，它以企业发展战略为指导，以全面核查现有人力资源、分析企业内外部条件为基础，以预测组织对人员的未来供需为切入点，内容包括晋升规划、补充规划、培训开发规划、人员调配规划、工资规划等，基本涵盖了人力资源的各项管理工作。人力资源规划还通过人事政策的制定对人力资源管理活动产生持续和重要的影响。组织的人力资源规划分为两个层次：一个层次是人力资源的总体规划，另一个层次是人力资源的具体规划。

人力资源的总体规划是指根据组织的总体战略目标制订的，在计划期内人力资源开发与管理的总原则、总方针、总目标、总措施、总预算的安排。组织的具体规划是指人力资源各项具体业务规划，是总体规划的展开和时空具体化，每一项具体计划也都是由目标、任务、政策、步骤和预算等部分构成，从不同方面保证人力资源总体规划的实现。人力资源具体规划包括人员补充规划、人员使用和调整规划、人才接替发展规划、人才教育培训规划、评价激励规划、劳动关系规划、退休解聘规划、员工薪酬规划、员工职业生涯发展规划等。

二、人力资源预测

在组织的人力资源规划中，人力资源预测是比较关键的环节，处于人力资源规划的核心地位，是制定各种战略、计划、方案的基础。组织要想保持竞争力，关键要看是否拥有具备竞争力的员工，但是，要想拥有合格的员工队伍，就必须做好人力资源的供求预测工作。

（一）人力资源需求预测

1. 人力资源需求预测的含义、特点

（1）人力资源需求预测的含义

人力资源需求预测是指组织的人力资源管理部门根据组织的战略目标、组织结构、工作任务，综合各种因素的影响，对组织未来某一时期所需的人力资源数量、质量和结构进行估算的活动。

（2）人力资源需求预测的特点

①科学性

组织的人力资源需求预测工作是按科学的程序，运用科学的方法及逻辑推理等手段，对人力资源未来的发展趋势做出的科学分析。它能够反映出人力资源的发展规律，因而具有科学性。

②近似性

由于人力资源需求预测是对组织未来某一时期所需的人力资源数量、质量和结构进行估算的活动，而事物在发展的过程中总会受到各种因素的影响而不断发生变化，因此，该预测只能对未来的预测做出尽可能贴近的描述，人力资源需求的预测结果与未来发生的实际结果存在着一定的偏差，只是极为近似。

③局限性

在人力资源需求预测的过程中，由于预测对象受到外部各种因素变化的影响，从而具有不确定性或者随机性，就会使得预测的结果带有一定的局限性，不能表达出人力资源需求发展完全、真实的面貌和性质。

2. 人力资源需求预测的方法

人力资源需求预测是否科学、合理，关系到组织的人力资源规划能否成功，在制定时要充分考虑组织内外环境的各种因素，根据现有人力资源的状况及组织的发展目标确定未来所需人员的数量、质量和结构。人力资源需求预测的方法可分为定性预测方法和定量预测方法。定性预测方法是一种主观判断的方法，包括德尔菲法、微观集成法、工作研究法、现状规划法、描述法等。定量预测方法是利用数学手段进行预测的方法，主要包括劳动定额法、回归分析法、计算机模拟预测法、比率分析法等。

（1）定性预测方法

①德尔菲法

德尔菲法也叫专家预测法或集体预测法，是指收集有关专家对组织某一方面发展的观点或意见并加以调整分析的方法。德尔菲法一般采取匿名问卷调查的方式，通过综合专家们各自的意见来预测组织未来人力资源需求量。专家可以来自组织内部，如组织的高层管理人员或者各部门具体的管理人员，也可以聘请组织外部的专家。

德尔菲法的特点包括：吸收专家参与德尔菲法的四个步骤，充分利用专家的经验、学识；采用匿名或背靠背的方式，能使每一位专家独立自主地做出自己的判断；预测过程经过几轮反馈，使专家的意见逐渐趋同。由于这种预测方法是在专家不会受到他人干扰的情况下做出的意见，并能够综合考虑到社会环境、组织发展战略和人员流动等因素对组织人力资源规划的影响，因此具有很强的操作性，在实践中被广泛地运用到人力资源规划中。但是这种方法也存在不足之处，即其预测结果具有强烈的主观性和模糊性，无法为组织制订准确的人力资源规划政策提供详细可靠的数据信息。

此外，在使用德尔菲法时还应注意以下原则。

A. 挑选有代表性的专家，并且为专家提供充分的信息材料。

B. 所提的问题应当词义表达准确，不会引发歧义，应当是专家能够回答的问题，在问卷设计时不提无关的问题。

C. 在进行统计分析时，应当视专家的权威性不同而区别对待不同的问题，不能一概而论。

D. 在预测前争取对专家进行必要的培训，了解该预测的背景及意义，使专家对预测中涉及的各种概念和指标理解一致，尽量避免专家在预测中出现倾向性选择信息和冒险心理效应。

②微观集成法

微观集成法是一种主观的预测方法，是指根据有关管理人员的经验，结合本公司的特点，对公司员工需求加以预测的方法。这种方法主要采用"自下而上"和"自上而下"两种方式。"自下而上"的方式是从组织的最底层开始预测人员需求，由组织内各部门的管理者根据本部门的工作负荷及业务发展，对本部门未来某种人员的需求量做出预测，然后向上级主管提出用人要求和建议。组织的人力资源部门根据各部门的需求进行横向和纵向的汇总，再结合组织的经营战略形成总体预测方案。"自上而下"的预测方式则是由组织的决策者先拟定组织的总体用人目标和计划，然后由各级部门再自行确定所需人员计划。

这两种方式还可以结合起来同时运用，即组织先提出员工需求的指导性建议，再由各部门按照该要求，逐级下达到基层，确定具体用人需求；同时，由人力资源部门汇总后根据组织的战略目标确定总体用人需求，将最后形成的员工需求预测交由组织决策者审批，形成组织的人力资源需求规划方案。此法适用于短期预测和生产情况比较稳定的组织。

③工作研究法

工作研究法是通过工作研究计算完成某项工作或某件产品的工时定额和劳动定额，并考虑预测期内的变动因素，以此来进行组织员工的需求预测，即根据具体岗位的工作内容和职责范围，确定适岗人员的工作量，再得出总人数。

此法易于实施，适用于结构比较简单、职责比较清晰的组织。

④现状规划法

现状规划法是最简单的预测方法，是指在假定组织的生产规模和生产技术不变，且人力资源的配备比例和人员数量完全能够适应预测期内人力资源需求的情况下，对组织人员晋升、降职、退休、辞职、重病等情况的预测。根据历史资料的统计和分析比例，预测上述人员的数量，再调动人员或招聘人员弥补岗位空缺。该方法易于操作，适合组织中、短期的人力资源预测，适用于特别稳定、技术规模不变的组织。现状规划法的计算公式如下：

$$人力资源需求量 = 退休人员数 + 辞退、辞职、重病人员数$$

⑤描述法

描述法是组织的人力资源部门对组织未来某一时期的战略目标和因素进行假定性描述、分析、综合，预测出人员需求量。此种方法应做出多种备选方案，以便适应组织内部环境或相关因素的变化。

（2）定量预测方法

①劳动定额法

劳动定额法是对劳动者在单位时间内应完成的工作量的规定，该方法能够较准确地预测组织人力资源需求量。

②回归分析法

回归分析法是采用统计方法预测人力资源需求的一种技术方法。该方法主要是以过去的变化趋势为根据来预测未来变化趋势的一种方法，运用这种方法需要大量的历史业务数据，如组织的销售收入、销量、利润、市场占有率等，从这些数据中可以发现组织中与人力资源的需求量关系最大的因素，分析这一因素随着人员的增减而变化的趋势，以历史数据为基础建立回归方程，计算得出组织在未来一定时期内的人员变化趋势与人数需求量。回归分析法有一元线性回归预测法，也有多元回归预测法，最简单的是一元线性回归预测法，适合人力资源规划中以年为单位预测总量变化的情况。

③计算机模拟预测法

计算机模拟预测法主要是在计算机中运用各种复杂的数学模式，对组织在未来外部环境及内部环境发生动态变化时，组织人员的数量和配置情况进行模拟测试，从而得出组织未来人员配置的需求量。这种方法是人力资源需求预测方法中最为复杂的一种，相当于在一个虚拟的世界里进行试验，能够综合考虑各种因素对组织人员需求的影响，必将得到广泛的应用。

④比率分析法

比率分析法也叫作转化比率分析法，这种方法以组织中的关键因素（销售额、关键技能员工）和所需人力资源数量的比率为依据，预测出组织人力资源的需求量；或者通过组织中的关键人员数量预测其他人员，如秘书、财务人员和人力资源管理人员的需求量。使用比率分析法的目的是将企业的业务量转换为人力资源的需求，这是一种适合于短期需求预测的方法。以某大学为例，假设在校攻读的研究生数量增加了一个百分点，那么相应地要求教师的数量也要增加一个百分点，而其他职员的数量也应该增加，否则难以保证该大学对研究生培养的质量。这实际上是根据组织过去的人力资源需求数量同某影响因素的比率对未来的人事需求进行预测。但是，运用比率分析法要假定组织的劳动生产率是不变的。如果组织的劳动生产率发生升降变化，那么运用这种方法进行人力资源预测就会缺乏准确性。

3. 人力资源需求预测的程序

人力资源需求预测分为现实人力资源需求预测、未来人力资源需求预测和未来流失人力资源需求预测三部分。

①根据职务分析的结果，确定职务编制和人员配置。

②进行人力资源盘点，统计出人员的缺编、超编情况，以及是否符合职务资格要求。

③将上述统计结论与部门管理者讨论，修正统计结论，修正后的统计结论即为现实人力资源需求。

④根据企业发展规划，确定各部门的工作量。

⑤根据工作量的增长情况，确定各部门还须增加的职位及人数，并进行汇总统计，该统计结论为未来人力资源需求。

⑥对预测期内退休的人员进行统计。

⑦根据历史数据，对未来可能发生的离职情况进行预测。

⑧将第⑥、第⑦步统计和预测的结果进行汇总，得出未来流失人力资源需求。

⑨将现实人力资源需求、未来人力资源需求和未来流失人力资源需求汇总，即得企业整体人力资源需求预测。

（二）人力资源供给预测

1. 人力资源供给预测的含义及内容

（1）人力资源供给预测的含义

人力资源供给预测是人力资源规划中的重要核心内容，是指组织运用一定的方法，对组织未来从内部和外部可能获得的人力资源数量、质量和结构进行的预测。

（2）人力资源供给预测的内容

人力资源供给预测的内容分为组织内部供给和组织外部供给两方面。

组织内部供给预测是对组织内部人力资源开发和使用状况进行分析掌握后，对未来组织内部所能提供的人力资源状况进行的预测。组织内部供给预测需要考虑的是组织的内部条件，具体包括：分析组织内部的部门分布、岗位及工种、员工技术水平及知识水平、年龄构成等人力资源状况；了解目前组织内因伤残、死亡、退休等原因造成的员工自然流失情况；分析工作条件（如作息制度、轮班制度等）的改变和出勤率的变动对人力资源供给的影响；估计组织目前的人力资源供给情况，掌握组织员工的供给来源和渠道；预测将来员工因升降、岗位调整或跳槽等原因导致的流动态势。对这些内部变化做出分析，便于有针对性地采取应对和解决措施。

组织外部供给预测则需要考虑的是组织外部环境的变化，考虑诸多的经济、社会、文化因素对人力资源市场的影响，预测劳动力市场或人才市场对组织员工的供给能力；还需要分析国家经济发展的整体状况，掌握国家已出台的相关政策法规、科技的发展情况及人才培养结构的变化，以及分析人口发展趋势、本行业的发展前景，具体分析本地劳动力市场的劳动力结构和模式、组织的聘任条件，了解竞争对手的竞争策略。

2. 人力资源供给预测的方法

（1）定性预测法

①德尔菲法

德尔菲法是一种依靠管理者或专家主观判读的预测方法。在人力资源规划中，此方法既可用于人力资源需求预测方面，也同样适用于人力资源供给预测。这种方法具有方便、可信的优点，并且在资料不完备、用其他方法难以完成的情况下能够成功地进行预测。

关于德尔菲法的具体过程，可参见人力资源需求预测部分。

②替换单法

有的书上也把替换单法叫作替换图法、接续计划法或人员接替法，此方法是根据组织人力资源的现状分布及对员工潜力评估的情况，对组织实现人力资源供给和接替。在组织现有人员分布状况、未来理想人员分布和流失率已知的条件下，由空缺的待补充职位的晋升量和人员补充量即可知人力资源供给量。这种方法主要适合于组织中管理人员的供给预测工作。组织内部的人员调动必然会使管理层职位出现空缺，而往往对管理层空缺职位的补充都是从下一级员工中提拔的。因此，在职位空缺前用替换单法制订出人员接续计划，就起到了未雨绸缪的作用。很多国外大型企业都是采用这种人力资源供给预测方法。替换单法最早应用于人力资源供给预测，后来也应用于需求预测。

应用此方法时首先需要确定需要接续的职位，接着确定可能接替的人选，并对这些人选进行评估，判断其是否达到提升要求，再根据评估结果，对接替的人选进行必要的培训。

（2）定量预测法

①马尔柯夫模型

马尔柯夫模型是用来预测具有等时间间距（如一年）的时刻点上各类人员的分布状况的，即运用历年数据推算出各个工作岗位汇总人员变动概率，找出过去人力资源变动的规律，从而推测出未来人员变动情况的一种方法，其基本假设是组织中员工流动方向与概率基本不变。马尔柯夫模型实际上是通过建立一种转换概率矩阵，运用统计技术预测未来人力资源变化的一种方法。它在假设组织中员工流动的方向与概率基本保持不变的基础上，收集处理大量具体数据，找出组织内部过去人员流动的规律，从而推测未来组织人力资源的变动趋势。

这种方法目前广泛应用于组织的人力资源供给预测上，可以为组织提供精确的数量信息，有利于做出有效的决策。

②目标规划法

目标规划法是一种容易理解的、具有高度适应性的预测方法。它指出员工在预定目标下为最大化其所得是如何进行分配的。目标规划是一种多目标规划技术，其基本思想源于西蒙的目标满意概念，即每一个目标都是一个要达到的标靶或目标值，然后使距离这些目标的偏差最小化。当类似的目标同时存在时，决策者可确定一个应该被采用的有限顺序。

上述四种人力资源供给预测方法各有优劣，使用德尔菲法和替换单法简单易行，但是预测结果具有强烈的主观性和模糊性，准确性较差。马尔柯夫模型和目标规划法能够为组织提供精确的数据，准确性高，但是在运用时，必须调配广泛的资源，以找到公式所需的全部参数，因此实时性较差。在实际应用中，组织可以根据自身规模的大小、周围环境的条件及规划预测重点的不同，对四个评价方面予以不同的权重，选择最适合自己的一种预测方法，也可将几种预测方法建立一个组合系统进行预测。

3. 人力资源供给预测的程序

人力资源供给预测的程序分为内部供给预测和外部供给预测两方面，具体步骤如下。①进行人力资源盘点，了解组织人力资源分布现状。根据组织的职务调整策略和历史调整数据，统计需要调整的员工比例。②向各部门的人事主管了解可能出现的人事变动，包括员工自然流失和人员流动情况。③将需要调整的人员比例及人事变动情况进行汇总，得出组织内部人力资源供给总量预测。④分析影响外部人员人力资源供给的地域性因素，包括组织所在地域的人力资源整体现状、供求现状、对人才的吸引程度，组织本身，以及为员工提供的薪酬、福利对人才的吸引程度。⑤通过影响组织外部人力资源供给地域性及全国性因素的分析，预测组织外部人力资源供给总量。⑥汇总组织内部及外部人力资源供给预测总量，得出组织的人力资源供给预测。

第二节 人力资源规划的制订

竞争日益激烈的今天，人力资源逐渐成为组织最富竞争力的核心要素，人力资源部门在组织中日益彰显出其地位的重要性。其原因在于人力资源规划工作与组织战略发展目标的实现是联系在一起的，能为组织发展目标的实现提供人力资源方面的保障。因此，组织越来越重视人力资源规划的制订工作，在组织发展过程中的各个阶段制订相应的人力资源规划，以实现该阶段的战略目标。

一、人力资源规划制订的原则

（一）全面性原则

人力资源规划要全面地考虑公司各个部门人力资源情况及人力资源的发展、培训及需求等情况。

（二）客观公正性原则

制订人力资源规划时，要对各个部门的实际情况和人力资源情况进行客观、公正的评价和考虑。

（三）协作性原则

制订人力资源规划需要各部门密切配合，人力资源部要协调好与各部门的关系和工作。

（四）发展性原则

组织在制订人力资源规划时要考虑组织的长远发展方向，以组织获得可持续发展的生命力为目标，协调好各种关系，为组织培养、再造所需人才。

（五）动态性原则

组织的人力资源规划并非一成不变。当组织的内外部环境发生变化时，组织的战略目标也会随之进行调整，这时人力资源规划也要相应地进行修改和完善，保持与组织整体发展状况的动态适应。

二、资源规划制订的程序

（一）组织内外部环境信息收集分析阶段

组织内外部信息收集分析阶段的主要任务是调查、收集能够涉及组织战略决策和经营环境的各种必要的信息，为下一步制订人力资源规划提供可靠的依据和支持。组织的内部环境包括企业结构、文化、员工储备等内容，组织的外部环境包括宏观环境、行业环境等。这一阶段要结合组织的战略目标对组织的内部环境进行分析，掌握产品结构、消费者结构、产品市场占有率等组织自身因素，以及劳动力市场的结构、择业心理、相关政策等相关社会因素。

（二）组织人力资源存量及预测分析阶段

首先，人力资源管理部门要采用科学的分析方法对组织现有的人力资源进行盘点，对组织中的各类人力资源数量、质量、结构、潜力及利用情况、流动比率进行统计，分析当前内部人力资源的利用情况，收集组织现有的职位信息。其次，结合组织内部环境状况，如组织内部的生产设施状况、技术水平、产品结构及产品的销售额和利润等各项经营活动，对组织未来的职位信息做出人力资源需求预测，根据职位的要求详细规定任职所必需的技能、职责及评价绩效的标准。另外，职位信息还需要包括该职位的职业生涯道路在整个组织中所处的位置及该职位在组织中所能持续的时间，也就是组织需要该职位的时间。最后，制定人力资源供给分析预测，包括内部人力资源供给预测，即根据现有人力资源及可能的变动情况确定未来组织能供给的人员数量及质量，以及受地区性和全国性因素的影响，外部人力资源可能供给人员情况的预测。这一阶段的工作是整个人力资源规划能否成功的关键，为组织人力资源规划的制订提供了依据和保障。

（三）人力资源总体规划的制订与分析阶段

对人力资源进行了需求预测和供给预测之后，就可以制订人力资源总体规划了。

在前两个阶段的基础上，结合人力资源需求预测和供给预测的数据，对组织人力资源数量、质量和结构进行比较，便可以确定组织未来人力资源的剩余或缺口，然后再采取相应的措施进行调整，这就是组织的人力资源总体规划。人力资源的总体规划主要包括组织的人力资源规划目标、与人力资源有关的各项政策和策略、组织内外部人力资源需求与供给的预测及组织在规划期内人力资源的净需求等几个部分。

对人力资源供需进行比较后，如果出现了供不应求的情况，就应当采取有效的措施和方法，弥补人力资源的不足。例如，制订调动员工积极性的方案挖掘员工的潜能，对员工采取加班、培训、晋升、工作再设计和招聘新员工等措施。如果出现了供大于求的情况，也要采取有力的措施避免加重组织的负担。比如，可采取以下措施：扩大组织的业务量；对多余的员工进行再就业培训，帮助他们走向新的工作岗位；对员工进行培训，提高其素质、技能和知识水平；不再续签工作合同，让部分老员工提前退休及辞退；鼓励员工辞职等。如果出现的是人力资源供求相等的情况，则不需要采取重大的人力资源调整措施。

（四）人力资源具体规划的制订阶段

这个阶段的工作任务是根据上一阶段所确定的人力资源净需求的情况，制订一系列有针对性的、具体的人力资源规划方案，包括人员招聘计划、人员流动调配计划、管理体制调整计划、员工素质提高计划、薪酬调整计划、员工退休解聘计划等，通过制订这些计划或方案并有效实施，可以保证组织未来的人力资源状况能够符合组织的战略发展需要。

（五）人力资源规划的控制与调整阶段

由于组织所处的环境是一个动态的环境，组织会随环境变化不断修正战略目标，那么人力资源规划在实施过程中也就必须相应地进行变更或修订；各项具体的人力资源规划制订出来后要付诸实施，必须组织内部的各个部门通力合作才能实现。在实施过程中，要建立科学的评价和控制体系，客观、公正地对人力资源规划进行评估，广泛征求各个部门领导者的意见，根据评估结果及时反馈信息，对人力资源战略和规划做出适当的调整，不断完善整个组织的人力资源规划体系以适应环境的变化。

三、建立人力资源管理信息系统

人力资源规划制订完毕后，在实施人力资源规划的时候，就需要建立一个完善的人力资源管理系统，有效的人力资源信息管理系统有利于组织更好地执行人力资源规划。

（一）人力资源管理信息系统的概念

人力资源管理信息系统是指组织利用计算机和其他先进技术，融合科学的管理方法，对人力资源工作方面的信息进行处理，辅助人力资源管理人员完成信息管理、完善工作职能的应用系统。一个有效的人力资源管理信息系统应当能够提供及时、准确、完善的信息，这对于做出人力资源决策是非常关键的。

（二）人力资源管理信息系统的作用

人力资源管理信息系统为组织提供了一个收集、存储和处理信息的平台，可以保证组织及时、有效地实现人力资源管理决策及组织的整体战略目标，其作用具体表现在以下两方面。

1. 为组织建立人力资源数据中心

人力资源管理信息系统可以为组织建立系统的人事档案，由计算机程序来处理人事数据的保存、分析和计算工作；可以对组织的现有人力资源状况进行分析；可以对未来人力资源的需求状况进行预测，能够及时、准确地掌握组织内部员工数量、结构、人工成本、培训支出等相关信息，确保员工数据信息的真实完整性；可以在人事档案中对人力资源管理的某些概念进行说明，如晋升人选的确定、工作调动、教育培训、工作奖励计划、现有组织结构分析等；可以及时在网络上了解市场上人力资源的最新动向，对外发布组织所需人才及职位需求等信息，提高招聘效率，节省组织的人力、财力，有利于改善组织人力资源管理的效率，使组织的人力资源开发、管理更加科学有效。

2. 提高组织人力资源管理的水平，为组织高层管理者做出决策提供帮助

人力资源信息系统的建设必然会要求组织制定适合于本组织雇员绩效考核、薪酬和福利管理等工作的一系列指标，使组织的人力资源计划和控制管理定量化。该系统所提供的数据能够为组织的管理者进行管理决策时提供准确、可信的数据，使组织的人力资源管理工作更加科学化、规范化。

总之，建立人力资源管理信息系统是人力资源管理中的一项基础工作。它可以提供详尽的人力资源信息和资料，提供备选方案，并对方案进行优化和判断；可以提高决策者的决策能力，使组织的决策和管理更加科学化。

（三）人力资源管理信息系统的建立

建立人力资源管理信息系统具体包括以下四个步骤：第一，建立组织的人力资源管理

信息平台，通过计算机和网络技术构建组织的人力资源信息数据库，配备所需的各种硬件设备和软件设备。第二，建立人力资源收集、保存、分析、报告等各个子系统，确定每个子系统的具体方法。第三，将收集来的各种信息输入人力资源数据库，并进行分类。第四，运用人力资源管理信息系统和数据库进行各项人力资源规划工作，对组织的人力资源状况进行准确判断和预测。

第三章

員工的培训与开发

第一节 员工培训与开发概述

一、培训与开发的含义

培训与开发是企业进行人力资源管理时经常会提到的。通常，人们总是把培训与开发（Training and Development，T&D）放在一起，其实两者之间是有区别的。

传统观念中，培训与开发的区别见表3-1。

表 3-1 培训与开发的区别

名称	目的	内容	对象	特点
培训	侧重于近期目标，提高员工当前工作的绩效	开发员工的技术性技巧，以使他们掌握基本的工作知识、方法、步骤和过程	员工与技术人员	具有一定的强制性
开发	帮助员工为企业的其他职位做准备，提高其面向未来职业的能力，同时帮助员工更好地适应由新技术、工作设计、顾客或产品市场带来的变化	培养提高管理人员的有关素质（如创造性、综合性、抽象推理、个人发展等）	管理人员	对认定具有管理潜能的员工才要求其参加，其他员工要有参与开发的积极性

随着时代的发展，培训的作用日益突显和重要，目前两者之间的界限已经没那么明显，无论是培训还是开发，都是企业与员工未来发展的需求，无论是什么员工，也都必须接受培训与开发。

二、员工培训的意义与特点

(一) 员工培训的意义

在知识经济时代，信息技术得到了前所未有的发展，知识更新的速度不断加快。人才要不被淘汰，必须不断学习，企业要想在全球化的竞争中立于不败之地，必须依靠高水平的人才。因此，不论是企业还是员工，都有着培训的需求，而且对员工进行培训确实有着重要的意义，可以实现员工素质的提升、企业竞争力的增强以及效益的增加。

1. 培训能够提高员工的职业能力

员工要胜任工作，必须掌握一定的职业能力，而培训是员工掌握职业能力、不断提高职业能力的重要途径。对于员工来说，面临着未来工作的新要求，必须掌握更丰富的知识，并具备创新能力，这样才能适应时代发展的要求。通过培训，员工可以获得知识的更新，从而提高工作能力，也有了升职和加薪的可能。

2. 培训有利于企业获得竞争优势

企业无时无刻不面临着激烈的竞争，要在竞争中脱颖而出，必须具备高水平的人才。尤其是进入了知识经济时代，知识在企业发展中的作用日益显著，企业的员工必须具备广博的知识，还要具有研发新产品的能力。通过培训，企业员工可以积累知识、激发创造力，从而具备适应未来发展的职业能力。员工职业能力获得提升，就能在工作中提升效率，也能创新方法和技术，这些都是企业宝贵的财富，对企业在内外环境中的生存发展至关重要。因此，员工培训有利于企业获得竞争优势。

3. 培训有利于改善企业的工作质量

企业的工作质量对企业的可持续发展非常重要。只有工作质量改善了，企业才能提供好的产品和服务，才能在市场上有足够的竞争力，也才能在市场上立于不败之地。通过培训，员工在意识、知识和技能方面都得到了提升。员工在工作中更加负责、更有干劲，工作更加熟练，提供的产品和服务更加优质，这也就改善了企业的工作质量。

4. 培训有利于构建高效工作绩效系统

随着知识经济时代的到来，企业中员工的角色发生了巨大的改变。以往的企业中，员工只是接受任务然后完成就行，而在现代企业，员工扮演着越来越多的角色，既要收集信息，还要共享信息；既要具备专业技能，还要具备人际交往能力。尤其是互联网技术的发展与应用，对员工提出了新的技能要求。员工接受培训，掌握时代所要求的相关技能，能够运用新的技术手段，更高效地处理工作中的问题。由此可以看出，培训有利于构建高效的工作绩效系统。

5. 培训满足了员工实现自我价值的需要

员工在企业中付出劳动获取薪酬福利，这满足了员工生存的需要。除此之外，员工还有更高级的追求，就是实现自我价值。实现自我价值，要求员工不断提高自我、不断迎接挑战。员工培训可以提高员工的技能水平和综合能力，有利于其自我价值的实现。

（二）员工培训的特点

1. 广泛性

员工培训的对象、培训的内容、培训的方式和方法都具有广泛性。无论是普通员工还是管理者，都需要接受培训，这是培训对象的广泛性；培训的内容有知识、技能和态度，这是内容方面的广泛性；根据培训对象和培训内容的不同，需要采取不同的方式与方法，这是培训方式与方法的广泛性。

2. 层次性

层次性是指员工培训具有不同的深度。企业有不同的发展战略，企业中的岗位不同，这些对知识与技能的需求不同，决定了培训也要根据这种不同而进行，体现了培训的层次性。

3. 协调性

员工培训是一个系统，协调性是指员工培训要与企业发展的战略要求相协调，要与企业的发展现状相协调，还要与员工的数量和现实情况相协调。只有各方面协调，才能保证员工培训的预期效果得以实现，也才能保证员工培训的顺利进行。

4. 实用性

员工培训要实现一定的目的，最直接的就是提高员工的技能水平，进而提高企业的生产效率，增加企业的效益，这就是员工培训实用性的最直接体现。员工通过接受培训，增长了知识，提高了技能，最根本还是要学以致用，将通过培训获得的知识应用于实际的工作之中，为企业的发展做出实实在在的贡献。

5. 长期性和速成性

当今时代，人们必须不断进行学习才能掌握新知识、适应新形势，这就决定了员工培训的长期性。员工培训具有一定的针对性，是根据企业或员工的现实需求开展的，能够快速提高员工的技能，满足企业发展的需求，因此具有速成性特点。

6. 实践性

培训是对员工的培训，员工培训的目的是为员工工作实践服务，因此员工培训具有实践性。要联系工作实际，采用有启发性的培训方法，使员工获得相关的技能，并能用于工作实践中。

三、培训的目的及影响因素

（一）培训的目的

企业进行培训的安排一般有两大目的，分别是从员工和企业出发的。对员工来说，培训为他们提供了继续学习的机会，有利于他们提高知识、技能和观念，从而增强自身竞争力；对于企业来说，通过培训，员工素质得到提高，从而带动企业整体劳动生产率的提高，创造更大的经济效益。一般来说，在这两种目的有更大的交集时，培训的效果会更明显。

（二）影响企业培训的因素

企业培训效果受多方面因素影响，基本贯穿于培训的整个过程。

1. 培训内容

培训内容是否具有针对性，应从两方面进行考虑：第一，培训内容是否与企业战略、业务或变革等相适应；第二，培训内容是否满足岗位工作的需要，能否帮助员工解决工作问题等。

2. 培训实施者

培训的实施者对企业培训的影响巨大。整个培训工作的具体安排都是由培训实施者决定的，因此培训实施者的素质会对培训效果产生影响。因此为了使员工培训取得成效，必须对培训实施者的能力有一定的要求，必要时也需要对培训实施者进行专业培训。

3. 培训方式

培训方式多种多样，每种培训方式的效果不同。培训方式的选择一般是以培训对象及培训内容为依据的。选择了培训方式之后，要针对培训方式的特点，采取一定的措施，保障其优点的发挥，尽量减少培训方式自身的缺陷带来的影响。

4. 培训时机

培训要掌握一定的时机。时机合适，取得的效果往往就较好。如在员工都渴望接受培训的时间进行培训，员工的学习积极性就高涨，培训的效果也就越好。

5. 培训规模

规模是指每次参与培训的人数，培训规模对培训方式、培训地点（环境）、培训成本等均会产生影响。

6. 培训师

培训师是开展培训的授课主体，其知识丰富程度、语言表达方式、授课形式等均对培训效果产生影响。培训师可以来源于企业内部，也可以来源于企业外部，其选择主要受到培训内容和培训费用的影响。

7. 培训成本

成本是培训必须考虑的基本出发点。就企业和员工来讲，培训需求是多方面的，要在既有的培训成本范围内，组织安排培训内容、方式等，以达到最佳的培训效果。

8. 培训地点与环境

培训地点与环境也会影响培训的效果。在选择培训地点与环境时，要考虑培训的目的、内容和对象，根据培训的具体需要选择合适的地点与环境，为员工培训提供良好的条件。

第二节　员工培训与开发系统的构建

员工培训与开发是一项系统工程，精心设计和有效的员工培训与开发系统十分重要。

一、企业培训工作的系统性

企业培训是企业人力资源开发的手段，是从组织目标出发，基于岗位分析和企业人力资源现状分析，根据人力资源规划的部署，辅之以绩效管理、薪酬奖励、个人职业发展等手段而设计的一个旨在综合提升公司竞争力的体系。很多培训的效果不尽如人意，一个很重要的原因是企业对培训工作缺乏总体的战略规划，对培训管理的各个环节缺乏规范性，没有把培训与企业发展结合起来。也就是说，企业培训必须融入企业的整个经营管理活动中，保持与企业经营管理活动的一致性，同时又自成体系，具有一定的规范性和系统性。

（一）企业培训必须以企业战略为导向

企业战略决定了企业核心竞争力的基本框架，从而明确了各个岗位职能及其对任职者的能力素质要求，可以依此对企业人才素质现状进行诊断，预测企业对人力资源的需求，有针对性地进行人力资源的储备和开发。同时必须了解企业当期工作的重点，对培训需求进行认真分析，对员工培训的内容、方法、师资、课程、经费、时间等有一个系统、科学的规划和安排，从而使培训方案既符合企业整体发展的需要，又满足企业目前的工作需要。

成功的企业培训，不能只看到眼前的成本支出，还要重视远期的收益，企业培训必须与企业总体战略、经济目标、企业文化保持一致，要有计划、有步骤地进行，既要有长期战略，又要有近期目标，并制定切实可行的方针、制度和培训计划，着力把人才培训当作长期的系统工作来抓，做到用培训去促进企业发展，用培训去引导企业发展。

（二）培训工作需要企业各方面的配合和支持

培训工作是企业整个经营管理活动的一部分，需要上至高层领导、下到普通员工以及各个部门的配合和支持。

企业内部各部门都有自己的工作计划和工作任务，经常需要彼此配合和支持，培训部门的工作更是如此。培训计划的设计来自企业各部门对培训的需求，如果各部门无法提供准确的培训需求信息，培训计划就缺乏针对性。在培训实施过程中，往往需要参加培训的员工特别是脱产培训的员工暂时停止正在从事的工作，如果完全按照培训部门的计划进行，可能会影响到某部门工作的进度，而按照某部门的意见参加培训，可能又与其他部门的工作相冲突，因此培训的实施事先要与各部门做好沟通和协调，既不影响各部门的重点工作，又能保证整个企业培训计划有序地进行。在培训结束后，受训学员回到各自的工作岗位，培训成果的转化更需要各部门主管为受训学员提供适当的机会，并进行督促和提供帮助，才能使培训的成果转化为实际的绩效。

因此，企业培训工作必须与企业经营管理的工作重点相一致，与企业各个部门做好沟通和协调，做到系统规划、统筹安排、集中管理。当然，良好的员工培训体系能否得到很好的贯彻落实，还依赖于企业健全的培训政策和完备的制度，特别是需要企业高层领导者的倡导和支持，需要培训师的艰苦努力，还需要员工积极的配合和长期系统的训练。

（三）培训管理活动本身自成体系

企业培训管理除了要与整个企业的经营管理相结合，还要充分考虑培训工作本身的特点和要求，以构建完整的培训管理体系。一般来讲，企业培训体系的构成包括以下六方面。

1. 企业培训组织机构和人员的设置

多数企业的培训管理职责是由人力资源部门负责的，但随着企业的不断发展和壮大，企业的组织架构变得越来越复杂，这就需要对培训管理机构和人员进行重新设计和调整。大型的企业可以考虑设立由公司高层管理人员和相关部门负责人组成的培训管理委员会，主要负责制定与公司发展相适应的人力资源开发战略和相关的培训政策和制度；由独立的培训部或培训中心负责具体的培训职能工作，制订具体的培训计划，开展培训运营和管理。

2. 培训管理制度建设

企业的培训战略和培训政策为企业培训指明了方向，还需要通过具体的培训管理制度和措施使培训战略和培训政策具体化。培训管理制度就是把培训政策分解并细化成制度化的条款，使培训管理工作内容和工作流程更加稳定和规范，从而保证培训的质量。企业培训制度一般包括岗前培训制度、培训考评制度、培训服务制度、培训奖惩制度等基本内容。

3. 培训流程体系建设

一项完整的培训是由一系列工作组成的，包括培训需求的分析、培训计划的制订、培训方案的实施和培训效果的评估。这几个部分互相制约和影响，构成培训工作的流程体系。

4. 培训课程体系的建立

培训内容是根据公司长期发展战略和当期的工作重点设计和开发的，可以按照不同的业务内容、不同的管理层次、不同的培训对象等标准分成许多类别，形成培训课程体系。只有完善的培训课程体系才能满足企业和员工个人多层次、全方位的培训需求。

5. 培训师资体系建设

培训师资的水平直接关系到培训质量，培训师可以从企业外部聘用，也可以从内部培养。目前，企业内部培训师的培养越来越受到重视。培训师资体系建设包括培训师的选拔、聘用、培养、考核和评估等内容。

6. 培训设施与设备的管理

企业培训的开展需要借助一定的物资完成，对有关培训设施与设备进行管理和维护也是培训工作的一项内容。

建立和完善有效的培训体系，是当前许多企业培训工作的核心任务，也是培训系统性的必然要求。

二、员工培训与开发项目的程序设计

员工培训与开发项目是根据企业的人才培养规划，针对某一特定的目标，在培训需求调查的基础上，制订的员工培训与开发活动方案。

一些培训与开发项目可能只是一次培训课程的实施，而还有些培训与开发项目则是由一系列培训课程和相关活动组成，有时还需要跨年度甚至持续几年时间才能完成。有效的员工培训与开发项目的设计与实施需要以企业整个人力资源的战略规划为基础，是企业长期人才培养战略的具体化。因此，员工培训与开发项目的设计必须以企业培训需求调查为依据，既要结合企业中长期的人才培养规划，与企业其他人力资源管理政策相配套，还要关注企业当前的工作重心，同时考虑企业自身现有的资源的支持程度。员工培训与开发项目的实施需要企业内部各部门的支持和配合。可以说，员工培训与开发项目的设计与实施过程是一个沟通和协调的过程。

不同的培训项目，由于目标和内容不同，在程序设计方面可能会有所差异，但总体上来讲，大致包括四个阶段：培训需求分析、确定培训目标、制订培训计划并组织实施、培训效果评估。

第一阶段：培训需求分析。

开展培训的第一个步骤就是要明确是否需要培训以及需要培训什么。培训需求分析是整个培训与开发工作流程的出发点，其准确与否直接决定了整个培训工作有效性的大小。培训需求分析包括组织分析、任务分析和工作绩效分析三方面。

第二阶段：确定培训目标。

一旦确认了培训需求，就应据此确定具体的培训目标。培训目标应清楚地说明受训者通过培训所需掌握的知识、技能以及所需改变的态度和行为。良好的培训目标应能向受训者清楚地说明他们在培训结束后应完成的任务或达到的标准。培训目标为培训计划的制订提供了明确的方向和依据。有了培训目标，才能确定培训对象、培训内容、培训时间和培训方法等具体内容以及对培训效果进行评价。培训目标应具有确切性、可检验性和均衡性。

第三阶段：制订培训计划并组织实施。

第一步，编制培训计划。

培训计划是关于培训活动内容和顺序的一个指南，包括整个项目周期内将要进行的各项活动先后次序以及管理细节。一般来讲，一份项目计划书由项目背景、培训对象、培训将解决的问题、培训时间安排、培训评估方案、培训项目预算、培训将达到的目标和预期的收益构成。

在培训项目实施之前，尤其需要注意的是，培训管理人员必须把培训评估的方案确定下来，包括培训评估的目的、培训评估的范围、培训评估的层次、培训评估的方法和评估的标准，以便保证培训结束后能及时对培训效果做出评价。

第二步，估算成本。

一般来说，培训的成本包括直接成本和间接成本，其中直接成本包括课程开发费、讲师费、资料费、场地和设备租赁费、用餐住宿费和交通费、其他杂费等；间接成本包括学员工资福利、培训管理人员工资福利、内部设施使用费用分摊等。

第三步，项目沟通与审批。

培训计划的编制完成以后，要进行培训项目的申请与审批，即报请培训主管机构或上级主管人员进行审核，决定培训项目是否执行。培训项目的设计和实施过程也是一个沟通协调的过程。

第四步，培训师的选择与确认。

制定培训师的选择标准；培训师面谈和考查；确定培训师；安排培训师做课前调研。

第五步，培训内容和方法的开发和确认。

对培训内容进行二次开发；对培训内容和方法进行审核；与培训师沟通评估要求。

第六步，编制教学计划。

对整个培训教学的内容和时间安排具体化，确定培训内容和培训方法等。

第七步，培训行政准备。

培训行政准备主要是对培训前的各项事务性工作的准备和安排，例如培训场地和设备的安排、教学资料的准备、培训学员的食宿安排及其他行政准备工作。

第八步，实施培训项目。

根据培训计划落实培训项目，主要是做好培训过程中的沟通、协调与监控工作，及时处理突发事件，做好培训师与学员之间的桥梁工作，保证培训项目的顺利完成。

第四阶段：培训效果评估。

第一步，收集各主要阶段评估数据，起草总结报告。

在培训整个过程中，要注意收集相关的信息，并根据培训评估方案，对培训过程和培训结果进行评估，起草培训总结，提出改善建议。

第二步，归档各类资料。

培训的资料包括调研资料、课程开发资料、管理资料以及评估资料等，在培训结束后，要收集这些资料，并做好归档工作。

第三步，培训效果沟通与反馈。

企业在实施员工培训之后，需要了解培训的效果。因此，做好培训效果的沟通与反馈很有必要。一般来说，人力资源管理人员、管理层、受训人员、受训人员的直接领导是必须得到培训效果评估结果的。了解培训效果，有利于培训工作的进一步开展以及培训效果的应用与提升。

第四步，调整培训项目。

在收集到培训的相关信息之后，要进行认真分析，发现培训中出现的问题，找出培训中存在的不足，根据现实需要及时对培训进行调整，也便于积累经验，为下一次的培训提供参考和指导。

三、员工培训与开发信息系统

员工培训与开发信息系统指通过现代信息技术手段，对企业员工培训与开发信息进行收集、传递、保存、加工、维护和使用的系统，它是企业人力资源信息系统的组成部分，其目的是为制订员工培训与开发计划提供依据，加强对培训与开发的过程控制和培训效果的反馈，并且实现培训资源的共享，从而增强培训效果，提升人力资源管理效率。

（一）员工培训与开发信息系统的建设

传统的培训与开发信息管理多数是以手工操作为主，主要是建立人工的档案管理和索引卡片系统。这些做法对于一些规模较小的企业非常有效，但随着企业规模的扩大，信息量急剧增加，大量的手工操作使管理人员陷入日常的琐事中，也无法有效实现信息的广泛应用。

计算机技术和网络技术的发展与应用，使企业的管理发生了变化，越来越多的企业开始走向管理信息化。各企业要根据自身的特点和实际情况，选择信息化系统，建立数据库和人力资源管理信息系统，在此基础上建立员工培训与开发系统，实现培训与开发的电子化。

培训信息的电子化需要具有相关的软硬件条件支持，需要投入一定的资金，对于没有能力购买现成管理软件的企业，培训管理人员也可以利用办公软件自行设计一些应用程序，收集和整理相关的培训信息，同样可以大大提高管理的效率。

当然，除了现代的信息管理，传统的文档资料也是同样重要的，培训过程中涉及的报告、文件等许多文本，在培训结束后，要作为凭证、文件来立卷、归档保存起来，以便需要的时候进行备查。

员工培训与开发信息系统的建立依赖于一定的物质基础，同时，还要建立相关的管理制度，包括内部培训信息的交流和沟通制度、培训档案的管理制度等，使培训信息的收集、整理和使用规范化和制度化，保证员工培训与开发信息系统的有效运转。

（二）员工培训与开发信息管理的内容

1. 员工培训档案

员工培训档案是对员工培训情况的记录，通过员工培训档案，可以了解员工的工作技能水平，以及参与培训的情况。在考查员工时，员工培训档案发挥着重要的作用，有利于员工调动时参考和跟踪培养。

2. 培训资源信息

培训资源信息主要包括企业为培训提供的资源信息，除了设施和设备情况外，更主要的培训资源信息应该包括：根据公司的培训规划开发相应的培训课程体系，有关课程信息包括课程的名称、课程简介、授课的对象以及课程的评价等内容；培训师资料库，主要是内部培训师的基本信息，包括个人基本情况、授课的时间、级别、可授课程、授课次数与时数等；培训供应商资料库，包括培训公司名称、性质、关键/优势业务领域、地址、联系人、联系方式、供应商说明、供应商资质等。

3. 培训共享信息

现在越来越多的企业开展知识共享，特别是利用现代技术开展在线培训和学习等，这些利用新技术进行的培训，不受时间和地点的限制，重复使用率高，节省费用，形式灵活，越来越受到企业的重视，是现代培训发展的一个重要趋势。培训部门应加强对共享信息的开发，创造更多的信息交流平台和渠道，为员工学习创造条件。

四、员工培训与开发管理系统

（一）培训的资源建设与管理

1. 技能体系的管理

员工必须接受特定的工作技能的培养和训练，才能完成独特的工作。因此，先要了解哪些技能是员工所必需的，并把这些特定的工作技能进行系统化，然后再围绕着这些技能进行快速、持续的培训。建立技能体系，首先，要确定员工技能的类别，即一般技能、专业技能、管理技能，还要把这些技能划分为不同的层次，即知识信息技能、基础应用技能、高级应用技能。其次，技能体系规划后，要对员工现有的水平进行评价，找出差距，确认培训需求。最后，开展培训。

2. 培训课程体系的管理

培训课程体系是根据员工技能体系的要求，并结合企业不同职位类别人员而制定的不同系列的培训课程。课程体系与技能体系相一致，也包括一般技能系列、专业技能系列、管理技能系列，每一系列包括很多具体的培训课程。

3. 培训师的培养与管理

企业培训师的来源有外部的，也有内部的。内部培训师由于比较了解企业的特点及企业文化，能把企业的需要和培训较密切地联系在一起，因而越来越受到企业的重视。但是，内部培训师很多是来自一线的工作人员，没有受过专门的培训技巧等方面的训练，缺乏授课技巧，有可能会影响培训效果。因此，加强内部培训师的甄选、培养、管理与激励，是培训资源管理的重要内容。

4. 培训经费的管理

培训工作需要有一定的经费，要对培训成本进行深入细致的分析和控制。事先进行合理的培训经费预算，事中有效地分配和使用培训费用，并保证专款专用，是实现培训目标的必要保证。

（二）培训的日常运营管理

1. 培训需求调查与分析

制订培训计划，第一步就是要调查与分析培训需求。培训管理部门要定期对企业进行调查，根据企业发展需求以及员工技能水平情况，分析出培训的需求，为培训计划奠定基础。

2. 培训计划的制订

培训计划涉及培训目标、培训对象及类型、培训内容及方法、培训步骤及具体的安排等，在制订培训计划时，一定要以培训需求调查与分析的结果为依据，做到有根有据。

3. 培训实施

培训在实施时，要多种方式相结合，注意灵活性与多样性。既要根据实际情况，随时对培训安排做出调整，也要采用不同形式，使员工尽可能快速地得到提升。

4. 培训效果评估

培训结束后，要对其效果进行评估。培训效果的评估可以为人力资源规划提供依据，还能为参与培训员工提供反馈，也能为培训工作的开展积累经验，便于培训工作的不断改进和完善。

5. 培训管理制度的监督与执行

培训管理制度的建立和健全是考核培训体系完善与否的重要标志，在培训日常管理的各个环节，要严格执行相关的管理制度，才能保证培训的稳定和规范。

（三）培训的基础行政管理工作

培训的基础行政管理工作主要指培训管理部门大量的日常事务性工作，包括培训会务组织管理、培训档案管理、培训设备设施管理及其他日常行政工作，它们是培训顺利进行的基本保障。

培训工作重点应是在战略管理的平台上，更好地完善培训的资源建设与管理工作，细化培训的日常运营管理工作，而非简单地做好培训的基础行政管理工作。

第三节　员工培训需求与培训计划的制订

一、员工培训需求

（一）培训需求与分析概述

1. 培训需求

培训是为了更好地完成组织的使命，而组织的使命对员工的能力有着特定的需求。如果企业有需求，而员工现有的能力难以满足，这就意味着存在培训需求。因此，培训需求可以定义为特定工作的实际需要与任职者现有能力之间的差距。

2. 培训需求分析

综合以往学者对培训需求分析的研究，可以对培训需求分析进行以下概括：培训需求分析是在需求调查的基础上，由培训相关人员采取各种方法与技术，对组织目标绩效与能力结构以及现有绩效和能力结构等进行比较分析，以确定培训开展与否、培训对象、培训时间与培训内容与形式等的一种活动或过程。培训的进行以及培训方案的制订都要以培训需求分析为前提和基础。

（二）培训需求分析的作用

1. 保证培训工作的有效进行

培训需求分析能够保证培训工作的有序进行，主要体现在三个方面。第一，通过培训需求分析，可以明确企业的培训需求。第二，通过培训需求分析，可以使培训更有针对性，能够满足受训员工的需求，从而实现培训的效果。第三，通过培训需求分析，有利于提升评估培训效果。通过需求分析可以明确培训需要达到的效果和目的，这样可以得出培训效果评估标准。

2. 获得相关信息

培训对象的信息可以通过培训需求调查来获取，这能为培训的安排提供依据，还可以了解员工对培训的态度。

3. 估算培训成本

通过培训对象、内容以及方案等调查分析，可以初步估算出整个培训的成本。这些成本主要包括人、财、物等培训要素的花费。另外，根据分析得出的有效需求，可以节约培训成本，保证每一个环节的有效性。

4. 有利于获得管理者的支持

管理者在制定政策时，需要大量的信息为依据，通过培训需求分析获得的许多信息都很有价值，可以为管理者提供参考，因此培训需求分析有利于得到管理者的支持。

（三）培训需求分析的流程

1. 前期工作准备

在进行培训需求分析之前，培训管理者要做一些准备工作，为下一步的培训需求分析工作打好基础。准备工作包括以下四个方面。

（1）收集员工资料，建立资料库

员工资料应当包括培训档案、员工的人事变动情况、绩效考核资料、个人职业生涯规划以及其他相关资料等。

（2）及时掌握员工的现状

培训部门的职责相对于其他业务部门来讲，更像是提供服务的部门。培训管理者应当把培训对象看成是服务对象，及时掌握服务对象的动态。

（3）建立收集培训需求信息的通道

培训管理者为了及时掌握员工的培训需求，必须建立通畅有效的培训信息交流通道。

（4）做好分析前动员

从培训需求分析到培训实施，再到培训效果评估，是一个随时与员工沟通的过程，每一步都要做好沟通工作。

2. 制订培训需求分析计划

在开始分析培训需求之前，制订一个详细具体的计划是十分有必要的。培训需求分析计划应该包括工作的目标、工作的方法、工作的人员及责任、工作的时间进度、工作中可能出现的问题及应对方案等。

3. 开展培训需求调查

经过调查才有发言权。只有针对培训需求开展了调查工作，才能确定培训的需求。所谓的培训需求调查，就是采用一系列的方法，通过多种渠道，收集与培训相关的需求信息。开展培训需求调查，收集培训需求信息时，要明确调查对象、方法、渠道、主题等因素，并保证资料收集的全面性、客观性和公正性。

4. 分析总结培训需求数据

通过调查获取的信息并不都是有价值的，有的信息是虚假的，或者不准确的，这是内外在因素影响的结果。因此，对收集到的信息进行分析是很有必要的，要对收集的结果进行仔细核查，去伪存真。收集到的培训需求信息是很多的，反映了实际工作中的培训需求，但是培训的资源是有限的，因此要分析哪些培训是最需要的，在安排时给予优先考虑。分析收集的信息，并进行分类、存档，并从信息中得出培训需求的真实情况，综合各种因素，结合具体实际，合理安排培训。

5. 撰写培训需求分析报告

培训需求分析最终要以文本的形式呈现出来，以便培训工作的安排。这就需要在分析培训需求之后撰写培训需求分析报告，在报告中说明培训需求的情况、确定培训的必要性和内容。培训需求分析报告，可以为培训目标和计划的制订提供依据。

二、员工培训计划的制订

(一) 培训计划的内容

培训计划在整个培训体系中都占有比较重要的地位,可以根据 5W1H 的原理,确定企业培训计划的架构及内容。

所谓 5W1H,指 Why(为什么)、Who(谁)、What(内容是什么)、When(什么时候、时间)、Where(在哪里)、How(如何进行)。对应培训计划时,即要求我们明确:我们组织培训的目的是什么(Why),培训的对象是谁(Who),负责人是谁(Who),培训师是谁(Who),培训的内容如何确定(What),培训的时间、期限有多长(When),培训的场地、地点在何处(Where)以及如何进行正常的教学(How)等要素,这几个要素所构成的内容就是组织企业培训的主要依据。

(二) 培训计划的制订程序

制订培训计划需要按照科学的程序进行,通常包括以下 12 个步骤。

1. 分析确定培训需求

培训需求是确定培训计划的最重要依据,它指引着培训的方向。培训需求要根据培训计划实施时间的长短,结合企业发展要求和企业现状之间的差距来确定。

2. 明确培训目的、目标

培训目标要切合实际,不能太高也不能太低。培训目的、目标要作为将来进行培训考核的依据。

3. 确定培训对象

准确地选择培训对象,明确哪些人是主要培训对象、哪些人是次要培训对象,有利于节约培训成本,提高培训效率。

4. 确定培训内容

培训内容和培训对象一定要相辅相成。针对岗前培训和在岗培训分别设计不同的课程,同时要考虑到管理人员和技能人员培训内容的差别。

5. 确定培训方式

为了保证员工对培训内容的接受程度,选择采用讲授法、研讨法、案例分析法、现场示范操作等培训方法。

6. 选择培训师

培训效果与培训师的水平有很大的关系，通过外聘或内部选拔来选择有足够经验和能力的培训师。

7. 选择培训时间、地点

培训时间、地点要选择得及时合理，以便及时通知培训对象和培训师，提前做好准备。

8. 明确培训组织人

明确培训组织人就是明确培训负责人，使得培训师和培训对象知道有问题找谁，促使问题的解决，保证培训的顺利进行。

9. 确定考评方式

为了保证培训效果，每一次培训后都要进行考评。从时间上讲，考评还可分为即时考评和应用考评。即时考评是培训结束后马上进行的考评；应用考评是培训后对工作中的应用情况进行的考评。

10. 培训费用预算

培训费用一般指实施培训计划的直接费用，分为整体计划的执行费用和每一个培训项目的执行或者实施费用。

11. 明确后勤保障工作

明确后勤保障工作，有利于协调培训部门与后勤保障部门的工作，便于后勤保障部门及时做好准备工作。

12. 编写培训计划

完成上述工作后，就要开始准备编写培训工作计划，经审批后实施。

综上，只有在编写合理的培训计划的基础上，才能有效地进行课程设计并实施培训，从而保证整个培训体系得以顺利实施，不断提升员工的自我价值，促使员工向多技能方向发展，从而为企业的发展壮大提供有力的后盾。

第四节　员工培训计划的实施与评估

一、员工培训计划的实施

（一）培训人员的角色定位

培训人员的角色定位主要包括培训师和培训的辅助人员两方面。

1. 培训师

直接从事培训教学工作的人员就是培训师，其有专职和兼职之分。

2. 培训的辅助人员

培训的辅助人员指为培训工作提供辅助的人员，如负责行政、管理和后勤保障工作的人员。培训的辅助人员能为培训工作的顺利进行提供保障，一般也担任培训教学活动的组织者。

（二）培训工作的组织

1. 培训规划

在进行培训之前要先制订规划。培训规划是其他培训工作开展的前提和基础。制订培训规划主要是把培训的总体框架安排好。其具体内容包括培训对象、培训内容、培训师、培训方法、培训信息反馈。一般来说，在培训前三个月就要制订培训规划。

2. 现场组织

（1）培训沟通协调

在培训过程中，组织者要及时与培训师、学员沟通交流，指出培训师培训的优缺点和学员反映的情况，并与培训师协调改进，这时组织者要做以下工作。

让全体学员对整个培训活动有一个全面的了解并产生一定的期待。这就要求发给每个学员一份培训计划，并给予解说，使大家了解培训的目的、培训的内容和方式、培训的时间和地点，尤其是培训要达到的目标，以及培训结果对其今后工作的影响等。这些工作有助于提高学员对培训目的的认同感，并对培训产生某种期待，使其能顺利进入受训状态。

为了保证培训的效率和严肃性，培训的纪律和对学员的要求需要一开始就被明确告知并严格执行。事先告知纪律和要求，讲明违纪的处理原则，可以预防不良行为的产生，即使出现了违纪情况，处理也会有根有据，使人心服口服。

在培训的开始阶段可以搞一些简单的测试和调查等，其作用包括：一是了解学员对培训的看法、要求和困难等，表示对学员的尊重和对学员意见的重视，融洽培训组织方与受训方的关系，并更好地为其提供服务；二是了解学员与培训内容有关的情况，如实际的知识、技能水平，对某些问题的看法、态度等，以使培训的内容更具有针对性；三是如果设计精心并执行良好的话，这些活动还可以激发学员的培训兴趣和学习信心。

设计一些活动来融洽学员间的关系。创造条件，使学员有相互接触、了解的机会，不仅可以消除学员的紧张心态，而且可以帮助学员实现通过培训结交更多朋友的愿望，有利于其他各方面工作的协调和沟通。

（2）现场应急补救

在培训过程中，出现一些问题是很正常的，也是无法避免的，即使计划得再好，也会有意外情况出现。对于培训组织者来说，一定要有心理上的准备，并事先考虑可能出现问题的应急措施。一旦在培训中出现了意外情况，现场应急补救的工作就非常重要了。

（3）培训后勤安排

培训的正常开展，离不开后勤工作的保障，因此要做好现场的后勤安排。比较常见的有培训资料的准备、培训设备的调试、培训人员的餐饮服务，还有一些突发的紧急情况，都需要后勤人员去合理处理。

3. 培训服务

培训服务是培训工作的重要组成，主要包括四方面的内容，分别为检查培训效果、把培训用于实践、培训效果跟踪和培训总结提升。

（三）培训方法的选择

培训方法会对培训效果产生决定性的影响，因为培训方法种类多样、特点不同，各有优劣。如果选择不当，会对培训工作产生极为不利的影响。一般来说，在选择培训方法时，一定要对各种培训方法的特点及优劣势有清楚的认识，然后根据培训的具体需求、学员的特点以及现实条件选择最为适当的培训方法。

要想培训工作取得理想的效果，必须选对培训方法。在选择培训方法时，一定要做到实事求是，结合培训的实际，多种方法综合考虑，优中选优，也可以采用多种方法相结合的形式，综合运用。下面具体分析不同种类的培训应采取的培训方法。

1. 理念性知识培训可用讲授法

顾名思义，讲授法就是用讲解传授的方法将知识灌输给学员，一般进行理念性知识培训时适宜采用这种方法。

采用讲授法对培训师的要求比较高，需要其具有丰富的知识和经验。在采用讲授法时要注意内容的科学系统、语言清晰明确、重点突出，为了培训效果更好还要用板书和多媒体设备予以配合。

2. 技能速成培训宜用演示法

演示法是通过示范教学传授给学员工作，并指导学员进行尝试的一种培训方法。由于涉及示范，因此会用到一些实物或者教具，因此体现出了实验性的特点。演示法生动形象、效果显著，能够快速提高学员技能，因此在技能速成培训中，适宜使用演示法。

3. 专题培训宜用研讨法

研讨，即研究讨论，往往是针对一个专门的问题进行研究讨论，因此如果安排专题培训，往往用研讨法的效果更好。

研讨会和小组讨论是研讨法的两种方式，其中在研讨会中，培训师进行专题演讲，学员有与演讲者沟通交流的机会，一般花费较多；而小组讨论则相对简单，花费也少。

4. 培训一线员工宜用实习法

实习法是让受训者在实际工作中接受培训，一般培训师由企业内有经验的老员工担任。老员工在具体的工作中传授给受训者工作的具体方法、工作的建议。在培训一线员工时，往往使用实习法，但在开展培训前，需要有详细、完整的计划。

5. 视听法和网络培训法

视听法是利用现代视听技术对员工进行培训的方法。视听法直观鲜明，往往比讲授法或讨论法给人更深的印象；教材生动形象且给学员以真实感，所以也比较容易引起他们学习的兴趣。但视听设备和教材的成本较高，内容容易过时，而且学员实践较少，一般可作为讲授法的辅助手段。

网络法是将文字、图片及影音文件等培训资料放在网上，供员工学习。这种方式由于具有信息量大、无学习时间限制等特点，颇受学员欢迎，也是今后培训发展的趋势之一。但一些如人际交流、讲究动手的技能培训则不太适用于网络法。

二、员工培训效果的评估

(一) 培训评估的目的和标准

在整个培训过程中，都伴随着培训评估的影子。培训评估就是对培训的各个环节进行评估，以发现培训中存在的问题，不断改进评估方案，提高培训绩效。

培训评估的主要目的有三个：一是测量学员在接受培训后的结果，评估培训规划的总体状况；二是测量和追踪培训过程的各个环节，提出改进措施；三是研究培训中一些非量化的或不可测量的因素。

培训的投资回报率是比较直接的培训评估标准，能够反映培训的成效。培训带来的利润与培训的成本支出之比就是培训的投资回报率。选择的评价标准有培训后是否提高了生产力水平、是否减少了工作中的错误率、是否提高了服务质量，并明确说明这些因素与培训存在着密切的关系。

员工培训后的工作行为与工作表现是最能体现培训效果的，企业对培训结果的评估就是通过对员工受训后的工作表现和业绩实现的。通过了解员工受训后的表现，可以评估培训是否满足了实际工作的需要。但要注意，培训结果评估只是培训评估的内容之一，还要注重培训的过程评估。对于培训评估来说，过程评估和结果评估密不可分，也缺一不可。在培训评估时，一定要全面评估，避免评估出现不客观、不准确的情况。

(二) 培训评估的类型

1. 培训总体评估

培训总体评估主要依据培训需求、培训规划以及培训机制对培训的情况进行评估。总体评估涉及因素多、工程量大，需要进一步细化。具体如下。

（1）培训需求

培训需求有不同的层次（个人的、组织的、战略的），评估主要针对组织存在的问题和差距，认清培训需求的方向。

（2）培训规划

监控规划的合理性和可行性。

（3）培训机制

考察培训的承担机构在管理与组织培训的过程中能否实现既定的培训目标等。

2. 受训者反应评估

受训者反应评估是培训评估的重要方面。对于受训者来说，他们是培训的主体，全程参与培训的过程，他们对培训有着切身的感受，也对培训有着自己的看法。受训者的反应，对评估整个培训非常重要。

受训者反应评估包括以下三个方面：①评估与培训内容有关的情况；②评估与讲授教师有关的情况；③评估教学中的后勤保障情况。

在通过调查表、面谈、公开讨论等多种形式获取信息后，将以上三方面细化成问题，要求学员对每一个教学环节进行评价，以匿名方式按照一定等级评价。评估者根据受训者反馈的信息，对培训进行评估。

3. 受训者知识、技能学习成果评估

受训者知识、技能学习成果评估是培训评估的重要方面，一般在培训尾声阶段进行。通过直接评价受训者的知识、技能学习情况，了解培训的效果。对受训者的评估主要有两个方面：一是知识增长情况，可以通过考试获取；二是行为方式情况，可以采用观察、情景模拟等方法获取。需要注意的是，对受训者知识、技能学习成果的评估一定要客观、真实、公正，也要综合多方面因素进行评估，保证评估结果的准确性。

4. 工作表现评估

对员工进行培训，目标就是提高员工的工作能力，提升其工作表现，因此工作表现评估是非常重要的培训评估内容。员工只有在接受完培训后才能回到本来岗位上继续工作，因此，工作表现评估只能在培训完成后进行，而且需要一定的等待时间，因为员工培训效果的转化需要时间，其在工作中进行运用也是需要时间的。但是，工作表现评估也最能体现培训是否真正有效。

5. 组织绩效评估

企业开展培训活动，投入了资金，提高了员工的综合素质和水平，其最终目的还是提高经济效益。作为一项系统工程，对组织绩效进行的评估，涉及很多因素，具有一定的难度。一般大致使用客观指标测量和主观衡量两种评估方法。客观指标测量法是先确定考查标准，在员工接受培训后，看其标准等级有没有获得提高。主观衡量法是通过人力资源管理中的考绩对组织绩效进行评估，间接地反映培训的效果。

第四章

绩效考评与薪酬管理

第一节　绩效考评及薪酬管理基础

一、绩效考评概述

（一）绩效考评的含义

要正确理解绩效考评的具体含义，需对绩效和考评的含义有所了解。

绩效通常包括两方面的含义：一方面，是指员工的工作结果，也就是员工所完成工作或履行职务的结果；另一方面，则是指影响员工工作结果的行为、表现及素质等。

对于考评的含义则没有统一的界定，研究者们从不同的角度、不同的侧重点对其进行了不同的描述。第一，对员工的考评就是对组织中成员的贡献进行排序。这一提法主要是以企业的目标作为出发点，没有考虑员工的能力、工作岗位等因素对其工作结果的影响。第二，考评是指对职工现任职务状况的出色程度，以及担任更高一级职务的潜力，进行有组织的、定期的、尽可能客观的评判。这种描述虽然将能力考评纳入对员工的考评之中，但却只限于预备晋升时的潜在能力。第三，考评就是为了客观制定员工的能力、工作状况和适应性，对员工的个性、资质、习惯和态度，以及对组织的相对价值进行有组织的、实事求是的评价，包括评价的程序、规范、方法的总和。第四，对员工的考评就是定期考查和评价个人或小组工作业绩的一种正式制度。

综合以上描述，我们认为企业员工的绩效考评是指根据人力资源管理的需要，对员工的工作结果、履行现任职务的能力以及担任更高一级职务的潜力进行有组织的、尽可能客观的考核和评价的过程。

绩效考评本身不是目的，而是手段。因此，其概念的内涵和外延应随着企业管理的需要而相应地有所变化。具体而言，绩效考评的内涵就是对人和事的评价。它包括以下两层含义：一是对员工在工作中的素质能力及态度进行评价；二是对员工的工作业绩或工作结果，即其在组织中的相对价值或贡献程度进行评价。绩效考评的外延则是指有目的、有组织地对日常工作中的人员进行观察、记录、分析，以此为依据对其进行尽可能客观的评价。它包括以下三层含义：一是从企业目标出发进行评价，并使评价和评价之后的人力资源管理活动有助于企业目标的实现；二是作为人力资源管理系统的组成部分，运用一套系统的、一贯的制度性规范、程序和方法进行评价；三是对员工在日常工作中显示出来的工作能力、工作态度和工作成绩，进行以事实为依据的评价。

（二）绩效考评的作用

绩效考评作为企业重要的管理手段之一，在企业的人力资源管理活动中发挥着重要的作用。

1. 为员工培训工作提供依据

有效的员工培训必须针对员工目前的表现、业绩和素质特征与其所在岗位的岗位规范、组织发展要求等方面的差距来进行，并以此合理地确定培训目标、培训内容，选择相应的培训方法。通过绩效考评，可以发现员工的长处与不足、优势与劣势，从而根据实际需要制订培训计划。

此外，在员工培训结束后，企业要对培训效果进行评估。培训工作是否提高了员工的工作能力、是否有助于企业的经营发展，也就是说企业在员工培训中的投资是否有回报，往往体现在受训员工的工作表现和工作业绩上。而这些信息可以通过定期的绩效考评来获得，因此，绩效考评还有助于企业对员工培训效果进行评估。

2. 为薪酬管理提供依据

企业向员工支付报酬要遵循"按劳分配"的原则。薪酬制度是否公平合理直接影响着员工的工作积极性。定期的、规范的绩效考评可以为员工报酬的确定提供客观有效的依据，使工资、奖金等物质报酬的高低与员工的贡献大小相联系，从而使员工感到公平合理，以激励其为企业的发展多做贡献。

3. 为企业内部的员工流动提供依据

员工在企业内部的流动通常也要以员工的业绩和能力作为依据。例如，在企业中，有晋升要求的人数往往多于可能得到晋升的人数，因此，较为公平合理的做法就是依据客观的绩效考评结果择优晋升。同样，企业在做出员工工作调动（包括平级调动或降级调动）或辞退决策时，往往也要以绩效考评的结果作为依据。

4. 为员工的奖惩提供依据

以奖励为主，惩罚为辅，奖惩结合，这历来是企业管理中的激励原则。对于那些忠于职守、踏实工作、业绩优异的员工要给以物质或精神上的奖励，而对于那些不负责任、偷工减料、业绩低劣的员工则要给予相应的惩戒。只有如此，才能鼓励员工向优秀者学习，防止不良行为在企业中蔓延。这种对员工的奖惩通常也要以绩效考评的结果作为依据。

5. 为员工的自我发展明确方向

对于员工在工作中取得的成绩以及员工在某一方面的卓越能力，通过绩效考评可以得到组织的认可与肯定；而对于员工在工作中存在的不足以及工作能力方面的缺憾，通过绩效考评也可以使员工有清楚的认识，从而明确其未来的努力方向，鞭策员工不断地进行自我完善。

6. 促进上下级之间的沟通与交流

在绩效考评过程中，上级主管要通过面谈等方式将考评结果反馈给员工。通过这种途径，主管人员可以了解员工的反应和潜力，员工也可以通过与主管人员的交谈明确自身的不足以及组织对自己的工作期望，并与主管人员一起商定下一步的努力方向及奋斗目标，从而增进上下级之间的沟通与交流，使管理人员与员工之间的工作关系得到改进。

（三）绩效考评的内容

1. 工作业绩考评

对工作业绩的考评实质上是对员工行为的结果进行评价和认定，也就是考核员工在一定期间内对企业的贡献和价值。对员工工作业绩的考评通常从以下四个方面入手：①量的方面，即员工完成工作量的大小；②质的方面，即员工完成工作的质量；③员工对下属的指导和教育作用；④员工在本职工作中的自我改进和提高等。

在对员工工作业绩进行考评时，有一个问题需要注意，即业绩考评是针对员工所担当的工作而言的，但员工对企业贡献的大小不仅仅取决于其所担当的工作完成得如何，有可能其所担当的工作本身就"无足轻重"，即使业绩很出色，对企业的贡献也未必会很大。因此，对员工的绩效考评，还要考虑到对工作业绩以外的、更为深刻的内容。

2. 能力考评

能力考评是对员工从事工作的能力进行的考评。通常，员工的能力包括三个方面：基础能力、业务能力和素质能力。其中，前两种能力属于能力考评的范围，第三种能力即素质能力则主要通过适应性考查来评价。

在对员工的能力进行考评时需要注意，由于员工的能力是"内在的"，很难加以量化，因此，通常要通过对员工的业绩这一外显的标准来间接地考查员工的能力。在工作分配合理、员工本人的职务与其能力相适应的情况下，工作业绩大体能够反映员工的实际业务能力，但是在实际工作中，员工能力的发挥常常会受到外在因素的影响。因此，在通过工作业绩来考查员工能力水平时，要考虑以下几方面的因素，以客观地做出评价：①是否存在员工本人之外的客观原因影响了员工的工作业绩；②是否因工作岗位的变动使员工对新岗位的任务不熟悉，从而影响其工作能力的发挥；③除了员工的业绩以外，员工在自我开发、自我提高方面的表现如何。

3. 工作态度考评

从理论上说，员工的工作能力越强，其工作业绩就越好，对企业的贡献就越大。但在实际工作中，常常存在这样的情况：个人能力很强但工作不认真的员工，其对企业的贡献远远不如那些能力一般但工作兢兢业业的人。所以，员工的绩效考评还要包括对工作态度的考评。

工作态度包括工作积极性、工作热情、责任感、自我开发等。由于这些因素较为抽象，因此通常只能通过主观性评价来考评。也就是说，员工的工作态度通常只能由直接上级根据平时的观察予以评价。

4. 工作潜力考评

潜力相对于"在工作中发挥出来的能力"而言，是"在工作中没有发挥出来的能力"。在企业中，人力资源部门除了要了解员工在现任职务上具有何种能力以外，还要关注员工未来的发展空间。也就是说，员工是否具有担任高一级职务或其他类型职务的潜质。对员工潜力的开发是企业人力资源开发的重要内容，有助于实现"人事相符"使企业的人力资源配置达到最优化。因此，考评员工绩效也包括对员工潜力的考评。

对员工潜力的考评可以求助于专业咨询机构对企业的人员功能进行测评，也可以用下述四方面的综合评价方法来进行：①参照"能力考核"的结果进行推断；②根据其工作年限及担任各职务工作的业绩等表现来推断，这是一个综合反映员工"经验"多寡的指标；③通过考试、测验和面谈等方式来进行员工潜力查证和判断；④通过员工的受教育证明、培训研修的结业证明和官方的资格认定证明等判断其应具有的潜力，不过这种手段往往只能作为参考。

5. 适应性考评

从员工个人的发展来看，每个人都有自己的成就感和价值倾向，希望随着年龄增长，在自己的职业生涯中富有成就，减少职务工种选择与安排上的机会损失。所以，当员工所从事的工作与其禀赋、能力、兴趣、志向等方面不相符时，员工工作能力的发挥也会受到影响。这就需要对员工的适应性进行评价。

对员工适应性的评价通常涉及两方面内容：一是人与工作之间，即员工的能力与其工作要求是否相称；二是人与人之间，即员工与合作共事者之间在个性特征方面的差异是否会影响其工作能力的发挥。把这种"适应"或"不适应"的问题反映出来，在若干个评价过程结束之后，从整体上把握所有员工适应性的状态，一旦企业内部有调整机会，就可不失时机地做出合理的调整。

（四）绩效考评的原则

1. 建立绩效考评制度的基本原则

（1）公开与开放的原则

公开与开放是建立绩效考评制度的基本原则。公开与开放的考评系统包括两方面的含义：一是指评价上的公开性和绝对性，即所建立的考评制度要取得企业员工的一致认同，从而推行绩效考评；二是指考评标准必须十分明确，上下级之间可以通过直接对话、面对面沟通来进行考核工作。

（2）定期化与制度化的原则

企业的绩效考评是一项连续性的人力资源管理工作，因而必须定期化、制度化。绩效考评既是对员工过去和现在的工作表现、能力等方面的考核与评价，也是对其未来发展潜力、工作表现的预测。因此，只有使绩效考评工作定期化和制度化，才能较为全面地掌握员工的工作情况，发现组织中存在的问题，从而进一步改善组织管理。

（3）反馈与完善的原则

绩效考评的主要目的就是要通过考核肯定员工的优点、发现员工的不足，以促使员工不断地进行自我完善和提高，更好地满足组织的期望，同时也能发现企业管理中存在的问题，并加以解决。因此，如果考评结果没有及时地反馈给相关人员，考评工作就失去了意义。

由此可见，在绩效考评体系中，应该建立完善的反馈制度。

（4）可行性与实用性的原则

所谓可行性是指任何一次考评都要考虑到企业的实际情况，即量力而行，所需要的时间、人力、物力、财力要为企业的客观环境条件所允许。因此，在制订考评方案时，应根据具体考评目标合理地加以设计，并在充分考虑各种限制性因素的前提下，对考评方案进行可行性分析。

绩效考评制度的实用性包括两层含义：一是考评工具和方法应适合不同考评目的的要求，要根据考评目的来选择考评方式；二是所设计的考评方案应适应不同行业、不同部门、不同岗位人员的素质特点和要求。

2. 实施考评的基本原则

（1）客观考评与主观考评相结合

所谓客观考评与主观考评相结合，是指在考评过程中要尽可能采用客观的考评手段与方法，但又不能完全忽视主观性综合评定的作用。同样，也不能仅仅依靠主观性的评定就下结论。要做到既强调客观性又不能完全追求客观性，要最大限度地发挥考评方法的客观性与考评主体的主观能动性的作用，使其相互融合、彼此互补。

（2）定性考评与定量考评相结合

定性考评是指采用经验判断和观察的方法，侧重于从行为的性质方面对员工进行考评；而定量考评则是指采用量化的方法，侧重于从行为的数量特点等方面对员工进行考评。

在企业的考评活动中，如果仅仅是定性考评，则只能从质的方面反映企业员工的特点，并且只做定性内容上的人员考评难以深入，往往是一种模糊的印象；而如果仅仅强调定量考评，则又有可能忽视员工行为的质的特征，容易流于形式。因此，在实施考评时，要将定性与定量的考评方法结合起来，才能全面考评员工的绩效。

（3）动态考评与静态考评相结合

静态考评是对被考评者已形成的能力、行为的分析和评判，是以相对统一的考评方式在特定时空下进行考评，而不考虑被考评者前后的变化；动态考评则是从能力和行为形成发展的过程而不是结果，从前后变化的情况而不是当前所达到的标准来进行的人员考评。

静态考评便于进行横向比较，可以较为清晰地了解企业员工之间的相互差异或评定员工是否达到某一标准，却忽略了被考评者原有的基础与今后的发展趋势。动态考评则有利于人力资源管理部门激发被考评者的进取心，但不同的被考评者之间的考评结果不便于比较。因此，将动态考评与静态考评结合起来，可以使二者相互补充，全面地考评员工绩效。

（五）绩效考评的程序

1. 制订考评计划

考评计划是实施考评时的指导性文件。计划的内容通常包括本次考评的目的、对象、内容、时间和方法。考评的目的不同，考评对象也不相同。例如，晋升考评与常规考评的对象就有差别，前者通常只是在具备晋升资格的员工中进行，而后者则往往在企业的全体员工中进行。考评目的和考评对象又进一步决定考评的具体内容、实施的时间、实施地点以及所选择的考评方法等。

2. 确定绩效考评标准

在考评计划确定之后，最为关键的一个程序就是要确定绩效考评的标准。考评标准的合理性直接决定着考评工作的有效性。首先，如果没有较为客观的考评标准，考评者就无法客观地对被考评者做出正确评价；其次，如果考评标准制定得不合理，则考评结果和员工的实际情况之间就会存在偏差，从而影响考评的公正与公平。因此，根据考评目标和考评内容确定考评标准是绩效考评的重要环节。

一般来说，考评标准包括业绩标准、行为标准及任职资格标准等方面。

3. 实施考核评价

这一阶段是绩效考评的具体实施阶段。通常，考评人员要在考评计划的指导下，以考评标准为依据对员工各方面的表现进行考评，得出考评意见。这一阶段的工作往往是一个从定性到定量的过程，具体包括对每一考评项目评定等级，并对其进行量化；在此基础上对照员工的实际表现为每一个考评项目评分；对各项指标的分数进行汇总分析，得出考评结果。

4. 考评结果的反馈与运用

这一阶段是绩效考评工作的最后阶段。在考评工作结束后，企业有关部门要将考评结果通过一定的方式反馈给被考评者。这种反馈一般有两种形式：一是绩效考评意见认可，即考评者以书面的形式将考评意见反馈给被考评者，若被考评者同意认可，则签名盖章；若被考评者有异议，可以提出，并要求上级主管或人力资源管理部门予以裁定。二是绩效考评面谈，即考评者通过与被考评者进行面对面的交谈，将考评结果反馈给被考评者，了解其反应与看法，而绩效考评面谈记录和绩效考评意见也需要被考评者签字认可。

二、薪酬管理概述

（一）薪酬的内涵与构成

1. 薪酬的内涵

薪酬是员工向其所在单位提供劳动或劳务而获得的各种形式的酬劳或答谢。其实质是一种公平的交易或交换关系，是员工在向单位让渡其劳动或劳务使用权后获得的报偿。薪酬的内涵是不断发展的，在 20 世纪 90 年代以后提出了全面薪酬概念。全面薪酬拓展了员工所得的报偿或收益的内容，既包括员工所得的物质收益，又包括员工所得的心理收入和发展机遇等精神收益。

但是由于作为对工作的报酬并且对雇员的活动具有强有力的影响因素，如赞扬与地位、学习的机会、雇佣安全、挑战性等，往往是来源于工作任务本身，应当属于隐性酬劳。因此，这里不将这种精神收益作为薪酬的主要内容来探讨。这里所定义的薪酬包括直接以现金形式支付的工资（如基本工资、绩效工资、激励工资）和间接地通过福利（如养老金、医疗保险）以及服务（带薪休假等）支付的薪酬。

2. 薪酬的构成

薪酬包括基本薪酬、绩效薪酬、激励薪酬、福利与津贴四个部分。

（1）基本薪酬（Basic Pay）

基本薪酬，是根据员工所承担或完成的工作本身或者是员工所具备的完成工作的技能向员工支付的稳定性报酬，是员工收入的主要部分，也是计算其他薪酬性收入的基础。

从传统上来讲基本薪酬分为薪金（Salary）和工资（Wage）两种类型。薪金（也称薪水）是管理人员和专业人员（即白领职员）的劳动报酬。按照西方的法律，一般实行年薪制或月薪制，职员的薪金额并不直接取决于工作日内的工作时间的长短，加班没有加班工资。工资是体力劳动者（即蓝领员工）的劳动报酬，一般实行小时工资制、日工资制或月工资制。员工所得工资额直接取决于工作时间的长短。法定工作时间以外的加班，必须付加班工资。但是，随着蓝领与白领的工作界限的日益模糊，加之为了建立一整套的管理理念，培养雇员的团队精神，企业把基本工资都叫薪水，而不再把雇员分成薪水阶层和工资阶层。

（2）绩效薪酬（Merit Pay）

绩效薪酬，是对员工超额工作部分或工作绩效突出部分所支付的奖励性报酬，旨在鼓励员工提高工作效率和工作质量。它是对员工过去工作行为和已取得成就的认可，通常随员工业绩的变化而调整。比如，有突出业绩的员工，可以在上一次加薪的 12 个月以后，获得 6%～7% 的绩效工资；而让雇主感到过得去的雇员，仅可以获得 4%～5% 的绩效工资。

（3）激励薪酬（Incentive Pay）

激励薪酬，也称可变薪酬（Variable Pay），是一种提前将收益分享方案明确告知员工的方法。激励工资也与业绩直接挂钩。用于衡量业绩的标准有成本节约、产品数量、产品质量、税收、投资收益、利润增加等，不计其数。激励工资有短期的，也有长期的。短期的激励工资可以表现得很具体。比如，如果每个季度达到或者超过了 8% 的资本回报率目标，公司的任何员工都可以拿到相当于一天工资的奖金；如果达到 9.6%，则每个员工都可以拿到相当于两天工资的奖金；如果达到 20%，则可以拿到等于 8.5 天工资的奖金。长期的激励工资则是对雇员的长期努力实施奖励，目的是使雇员能够注重组织的长期目标。比如，让高层管理人员和高级专业技术人员分得股份或红利，对有突出贡献者奖励股份，或者让其所有的雇员拥有股票期权。

（4）福利与津贴（Welfare）

这部分薪酬通常不与员工的劳动能力和提供的劳动量相关，而是一种源自员工组织成员身份的福利性报酬。福利因国家的不同而不同，像亚洲的韩国、日本、中国等国都会发放各种津贴和补贴作为福利。津贴也称补贴，是指对工资或薪水等难以全面、准确反映的劳动条件、劳动环境、社会评价等对员工造成某种不利影响或为了保证员工工资水平不受物价影响而支付给员工的一种补偿。这在欧美是较少的。事实上，福利更多地表现为非货币形式，比如休假、服务（医疗咨询、员工餐厅）和保障（医疗保险、人寿保险和养老金）等。当前，福利和服务已日益成为薪酬的重要形式，对于吸引、保有员工有着不可替代的作用。

薪酬构成形式没有固定统一的模式和组合比例，不同国家、地区和企业应根据实际需要和可能的条件，制定自己的薪酬标准。

（二）薪酬战略

1. 薪酬制度的战略支持角色

薪酬的作用，通常强调的往往是人才的吸引、保留、激励以及开发，但是吸引、保留、激励以及开发人才的最终目的是什么？显然是为了帮助组织实现战略目标和远景规划。因此说到底，薪酬体系的设计以及薪酬管理必须围绕组织战略以及远景目标进行。如果不考虑战略性导向的差异，组织的薪酬管理很可能是在自己的独立王国中"过自己的日子"。因而薪酬制度应凸显其战略支持角色，使薪酬从过去的简单支付行为转变为与环境、组织的战略目标相适应，通过吸纳、维系和激励优秀人才并以赢得和保持组织竞争优势为目标。

企业要充分发挥薪酬战略对其竞争优势提升的作用，首先得取决于薪酬战略的有效设计。

2. 企业薪酬战略制定的步骤

（1）评估薪酬的意义与目的

要求了解企业所在的行业情况，以及企业计划怎样在此行业中竞争，公司对待员工的价值观也反映在公司的薪酬战略中。此外，社会、经济和政治环境同样影响薪酬战略的选择。

员工的薪酬需要是多种多样的。通常年纪较大的员工对现金的需求较弱，较看重劳保和福利条件；而年纪轻的员工有较强的现金需要，他们要买房子或要支持家庭，较看重高工资收入。企业应考虑员工不同的薪酬需求，制定灵活的薪酬战略。

（2）开发薪酬战略，使之同企业经营战略和环境相匹配

通过对企业所处的内外环境和经营战略的分析，开发支持企业经营战略、提升企业竞争优势的薪酬战略。

（3）实施薪酬战略

通过设计薪酬体系来实施薪酬战略，薪酬体系是将薪酬战略转变成薪酬管理实践。

（4）对薪酬战略和经营战略匹配进行再评价

随着企业所处的环境不断变化，经营战略也相应在不断变化，因而薪酬战略就必须随之变化。为确保这点，定期对薪酬战略和经营战略匹配进行再评价就显得非常必要。

3. 企业薪酬战略的类型

（1）经营战略类型与薪酬战略

①低成本战略

低成本战略是企业采用大规模生产方式，通过降低产品的平均生产成本来获得来自经验曲线的利润。推行这一战略必须实现管理费用最低化并严格控制研发、试验、服务和广告等活动。在低成本战略背景下，企业的薪酬制度应突出以下特点。

第一，较低的薪酬、雇员规模替代。在总体薪酬支出水平一定的条件下，企业可雇用较少的高效率雇员或雇用较多的效率较低的雇员来完成既定的生产经营任务。

第二，建立基于成本的薪酬决定制度。这一制度既可以是在确保产品数量和质量前提下的总成本包干制，也可以是在核定基本成本基础上的成本降低奖励制。

第三，有限的奖金，即除了成本降低奖励外，其他以雇员技能、顾客满意度等因素为基础的奖励制度较少。

②差异化战略

差异化薪酬战略是企业在人力资源管理方面的重要策略之一，通过个性化的薪酬设计

和实施，可以吸引和留住优秀人才，提高员工的工作动力和满意度，从而提升企业的竞争力。

第一，确定差异化薪酬的目标：企业在实施差异化薪酬战略之前，需要明确战略目标，例如吸引和留住优秀人才、提高员工的工作动力等。只有明确了目标，才能有针对性地设计和实施差异化薪酬。

第二，制定差异化薪酬策略：根据企业的战略目标，制定相应的差异化薪酬策略。例如，可以根据员工的职位、工作内容、绩效表现等因素，设计不同的薪酬方案，包括基本工资、绩效奖金、股权激励等。

第三，实施差异化薪酬方案：在实施差异化薪酬方案时，需要注意以下几点：与员工进行有效沟通，让员工了解差异化薪酬的原因和目标，增强员工对薪酬制度的认同感；确保薪酬制度的公平性和透明度，避免出现薪酬差距过大的情况，防止员工的不满和抱怨；定期评估和调整差异化薪酬方案，根据员工的绩效表现和市场变化情况，及时进行优化和改进。

③专一化战略

专一化战略是指企业生产经营单一产品或服务，或者将产品或服务指向特定的地理区域、特定的顾客群。专一化战略的实施以专业化技术为前提，它要求企业在特定的技术领域保持持久的领先地位。为了突出技术力量的重要性，吸引技术人才，企业通常给技术人员支付超过市场平均水平的效率薪酬，以提高技术人员对企业的忠诚度，减少由于人员流失而带来的招聘费用、培训费用的损失。该类企业通常采用基于技术等级的薪酬决定制度，并广泛采用股权激励和期权激励等长期薪酬激励计划。

（2）企业发展阶段与薪酬战略

①快速发展阶段战略

快速发展阶段战略是指企业通过实现多样化经营或开辟新的生产经营渠道而使其在产品销售量、市场占有率及资本总量等方面获得快速和全面的成长。除了依靠企业内部资源外，它往往通过兼并、合并和重组等外部扩张方式来实现。为了满足企业经营领域多样化和经营地域多样化的需要，企业的薪酬制度设计应坚持多样化和针对性原则，允许不同性质的企业设计不同的薪酬方案，同时突出绩效薪酬制度和可变薪酬制度的应用。

②稳定发展阶段战略

稳定发展阶段战略是指企业保持现有的产品和市场，在防御外来环境威胁的同时保持均匀的、小幅度的增长速度。当企业缺乏成长资源或处于稳定的市场环境时，稳定发展战略常被采用。此外，当一个企业经历了一段高速成长或收缩后，稳定战略也是很重要的。在这一背景下，企业的薪酬结构应保持相对稳定，企业的薪酬水平也应保持大体相同的增长比率。

③收缩阶段战略

收缩阶段战略是指企业面临衰退的市场或失去竞争优势时，自动放弃某些产品或市场以维持其生存能力的战略。在这一阶段，企业的薪酬制度应回归到维护企业核心资源和核心竞争力上来，强调薪酬制度的统一性。在收缩期，企业要考虑的一个重要因素是反敌意收购，设计有利于接管防御的薪酬策略，如"金降落伞"（Gold Parachute）与"锡降落伞"（Tin Parachute）计划就尤为重要。"金降落伞"的主要对象是董事会及高级职员，而"锡降落伞"的范围更广一些，它向下面几级的工薪阶层提供稍为逊色的同类保证。无论是"金降落伞"还是"锡降落伞"，它们都规定收购者在完成收购后，若在人事安排上有所变动，需对变动者一次性支付巨额补偿金。这部分补偿金支出通常因获得者的地位、资历和以往业绩而有高低之分。

（三）薪酬设计与管理应遵循的原则

1. 公平性原则——内部一致性

行为科学的一个重要理论——公平理论指出，人们往往通过与他人所受待遇的对比评价自己所获得的报酬的公平性程度。只有员工认为薪酬系统是公平的，才会认同薪酬的激励。公平原则是薪酬管理时要考虑的最根本的原则，同时要注意它是一个心理原则。员工的公平感受来自四方面：第一，是与外部其他类似企业（或类似岗位）相比较对于薪酬水平所产生的感受；第二，是员工对本企业薪酬系统分配机制和人才价值取向的感受；第三，是将个人薪酬与公司其他类似职位的薪酬相比较所产生的感受；第四，是对企业薪酬制度执行过程的严格性、公正性和公开性所产生的感受。

2. 竞争性原则——外部竞争性

竞争原则包含两重意思：第一，是指工资水平必须高到可以吸引和留住雇员。如果工资与其他公司中同等情况相比不平等的话，不仅雇不到人，而且会导致本公司职员离职。第二，当人工成本在一个公司的总成本中所占比例较大时，它们就会直接影响这个公司的产品价格——公司会将成本转嫁到商品或服务上。人工成本必须保持在一个公司所能容许的最大限度地提高生产产品和劳务效率的水平上。因此，实现富有特色、具有吸引力且成本可控的有效的薪酬管理才是真正把握了竞争性原则。

3. 激励性原则——员工的贡献度

一个科学合理的薪酬系统对员工的激励是最持久的，也是最根本的。因为薪酬系统解决了人力资源管理中最核心的问题——分配问题。有效的薪酬系统应该是努力越多，回报也越多的机制。有些企业重视绩效，比如阿斯特拉–默克的薪酬目标是"只为绩效庆功"。有些企业重视资历，比如日本的大企业长久以来实施的"年功序列制"。这些都直接影响到雇员的工作态度和表现，进而也影响了所有的薪酬目标。什么样的薪酬系统才是具有吸引力的呢？薪酬制度发展到今天已表明，单一的工资制度刺激日显乏力，灵活多元化的薪酬系统则越来越受到人们的青睐。

4. 合法性原则

薪酬管理要受法律和政策的约束。比如，国家的最低工资标准的规定，有关职工加班加点的工资支付的规定，企业必须遵照执行。也就是说，企业在制定自己的薪酬政策时必须以不违背国家的法律、法规为基本前提，理解并掌握劳动法规是对人力资源管理者特别是薪酬制定者的起码的要求，如《中华人民共和国劳动法》《最低工资标准》《工资支付条例》等。

第二节　绩效考评的方法及问题防范

一、绩效考评的方法

绩效考评的方法有很多种，企业要根据实际需要来进行选择。比较具有代表性的考评方法如下。

（一）民意测验法

民意测验法是最为传统的评价方法之一。这种方法的使用通常遵循以下步骤：第一，确定考评内容；第二，将考评内容分成若干项；第三，根据各项考评内容设计考评表，对每一考评项目可设定相应等级；第四，由被考评者述职，做出自我评价；第五，由参评人员填写考评表；第六，计算每个被考评者得分的平均值，以此确定被考评者所处等级。

在一般情况下，参加民意测验的多为被考评者的同事、直属下级和与其发生工作关系的有关人员。民意测验法具有较好的群众性和民主性，但是，由于参加考评员工的素质局限，会使考评结果产生较大偏差。因此，这种方法通常可以作为其他方法的辅助和参考。

（二）短文法

短文法是指通过一则简短的书面鉴定来进行考评的方法。书面鉴定通常谈及被考评者的成绩和长处、不足和缺点、潜在能力、改进意见和培养方法等方面。这种方法也是较为传统的考评方法之一，并且在很长一段时间里为我国很多企业所使用。

短文法属于主观判断型的定性考评方法。它只是从总体上进行考评，不考虑考评维度，也不设计具体的考评标准和量化指标。因此，这种方法操作起来灵活简便，考评者可以针对被考评者的特点进行考评，具有较强的针对性。但是，由于缺乏具体的考评标准，难以进行相互对比，并且考评人员的主观性所带来的偏差也比较大，因此这种方法通常应与其他方法配合使用。

（三）关键事件法

关键事件法是以记录直接影响工作绩效优劣的关键性行为为基础的考评方法。所谓关键事件，是指员工在工作过程中做出的对其所在部门或企业有重大影响的行为。这种影响包括积极影响和消极影响。使用关键事件法对员工进行考评要求管理者将员工日常工作中非同寻常的好行为或非同寻常的坏行为认真记录下来，然后在一定的时期内，主管人员与下属见一次面，根据所做的记录来讨论员工的工作绩效。

关键事件法通常可以作为其他评价方法的很好的补充，因为它具有以下优点：首先，对关键事件的记录为考评者向被考评者解释绩效考评结果提供了一些确切的实施依据。其次，它可以确保在对员工进行考评时，所依据的是员工在整个考查周期内的工作表现，而不是员工在近期的表现，也就是说可以减小近因效应所带来的考评偏差。最后，通过对关键事件的记录，管理人员可以获得一份关于员工通过何种途径消除不良绩效的实际记录。

但是，关键事件法在实施时也存在一定的不足之处。最明显的一点是，管理人员可能漏记关键事件。在很多情况下，管理人员都是一开始忠实地记录每一个关键事件，到后来失去兴趣或因为工作繁忙等原因而来不及及时记录，等到考评期限快结束时再去补充记录，这样有可能会夸大近期效应的偏差，员工也可能会误认为管理人员编造事实来支持其观点。

此外，还有评级量表法、排序考评法、配对比较法、强制分布法等，篇幅所限，这里不再一一介绍。

二、绩效考评的问题及防范

如前所述，绩效考评是企业人力资源管理活动中的一项系统工作，因此在具体实施过程中会受到各方面因素的影响，从而使考评面临诸多问题，这些问题不可避免地会对绩效考评的准确性与合理性产生影响。所以，对这些问题及其防范措施进行研究将有利于企业绩效考评工作的顺利展开。

（一）考评系统的问题与防范

绩效考评系统本身在以下三个方面存在的问题会对考评结果有直接影响。

1. 绩效考评标准的问题

绩效考评所遵循的标准直接决定着考评结果。因此，考评标准的信度和效度至关重要。

所谓绩效考评标准的信度，指的是考评同一职位工作绩效的标准在一定时期内应保持一致性。同时，不同的考评人员对同一职位上的员工的考评标准要保持一致。绩效考评标准的高信度能保证考评结果的公平性。通常，考评标准的设定应以所考评职位的职位说明书和职位规范为依据。在职位规范和职位说明书的内容没有改变的情况下，不能因考评时间、考评人员的变化而随意改变考评标准。当然，随着企业经营状况的变化，企业对某些职位的任务要求也会发生相应的改变，此时需要对职位说明书和职位规范做相应的修改与调整，但这种调整应该得到员工的认可，或者说这种改变应该在主管与员工协商一致的情况下做出，与此同时，也要注意对工作条件做相应的改变，这样才能保证绩效考评标准的前后衔接一致。

绩效考评标准的效度指的是考评标准的制定要正确、合理和有效。高效度的考评标准能保证考评结果的准确性。要使绩效考评标准具有较高的效度，在设定具体考评项目时就要使其与所考评职位的特点相适应，在各项目权重的设置上也要考虑该职位主要职责和次要职责的关系。例如，在对管理人员进行考评时，组织协调能力的权重要大于具体操作能力的权重；而对一线工人的考评则具体操作能力的权重要大于组织协调能力的权重。这样才能使考评结果较为准确地反映员工的绩效。此外，还要注意对某一职位绩效考评项目及各项目权重的设立要与类似职位的考评项目和权重的设立相平衡。

2. 考评方法的选择问题

如前所述，绩效考评的方法有很多种，每种方法都有一定的适用范围与优缺点。因此，企业在考评工作中如果对考评方法选择不当，也会使考评结果产生偏差。此外，由于缺少经验、专业性不够强等原因，企业自行设计的各种考评表有时会出现考评项目含混不清、互相覆盖、缺乏具体尺度等问题。这些问题同样会使考评结果失真。

为了避免这些问题对考评结果的负面影响，企业在进行绩效考评时，要根据考评目的、考评内容等合理地选择考评方法，对于自行设计的各种考评表格要从多个角度进行检查与论证，必要时可以借助专业人员的力量。

3. 考评结果的反馈问题

现代人力资源管理中的绩效考评应该是一个开放的系统，这种开放性意味着整个考评过程应该是上下级之间双向交流的互动过程。而绩效考评的最终目的并不仅仅是制定各项人事决策，更为重要的是要肯定员工的优点，激发员工向上的精神，帮助员工找到不足，以明确其今后自我改进的方向。因此，如果考评结果不能以适当的方式反馈给被考评者本人，那么绩效考评本身就失去了意义，更谈不上考评目的的实现。久而久之，员工对于考评也会失去兴趣，将其视为流于形式的一项活动。

所以，企业在设计绩效考评制度时，要将反馈制度的建立作为一个重点，以真正建立起上下沟通的通道。

（二）考评人员的问题与防范

考评人员是绩效考评制度的具体执行者，是考评工作的具体实施者，因此，其主观方面的原因也会对考评结果产生影响。具体有以下八个方面。

1. 晕轮效应

绩效考评中的晕轮效应是指考评者以对被考评者某一方面的印象来涵盖整个考评结果。也就是说，如果考评者对被考评者某一考评项目的评价较高或较低，则可能对此人所有的项目评价也比较高或比较低。例如，对于一个不太友好的考评对象，考评者通常会认为其"与其他人相处的能力"较差，而且也极有可能认为该员工在其他方面的表现也较差。这种情况显然会影响考评的客观性。要避免晕轮效应，首先要使考评人员对其有正确的认识，从而在实施考评时，有意识地加以避免，尽量客观地对被考评者做出评价。

2. 居中趋势

居中趋势也称为居中误差，是指考评者对一组考评对象的评价相差不多，或者考评结果都集中在考评尺度的中心附近，致使被考评者的成绩难以拉开距离。造成这种误差的原因有：考评者信奉"枣核理论"，即认为企业中大部分员工的表现都一般化，表现好的员工和表现差的员工都属极少数；考评者对被考评者不太了解，所以做出一般评价；考评要素不完整或方法不明确。居中趋势导致的误差可以通过以下方法加以避免：加强对考评者的培训，扭转其观念；明确各考评要素的等级定义；如若考评者与被考评者接触时间太短以至对其不了解，可以考虑延期考评。

3. 首因效应

首因效应也称为优先效应，是指考评者通常会根据所获得的关于被考评者的最初信息来评价其工作绩效的好坏，之后与最初判断相吻合的信息就容易被接纳，而相反的信息往往容易被忽略不计。例如，考评者与被考评者初次见面时，如果后者给前者留下了极好的印象，那么在考评过程中，即使发现被考评者有错误或缺点，也会找出理由为其开脱；相反，如果被考评者给考评者留下的是不好的印象，那么在考评中，后者就容易发现前者的缺点，而忽略其优点。

4. 近因效应

近因效应也称为近期效应误差。一般来说，人们对于最近发生的事情印象会比较深刻，而对于远期发生的事情印象会较为模糊。因此，在具体的考评工作开始之前的较短时期内，员工的表现会对考评结果有较大影响。尤其对于那些在考评前一到两周表现较为出色的员工，评价往往较高；而对于那些过去一直表现较好但在近期内犯了较为严重错误的员工，评价往往较低。解决这一问题较为有效的方法是：加强对被考评者平时工作中关键事件的观察和记录，必要时可建立员工的个人档案。这种方法虽然较为费事，但却能保证被考评者在考评周期内较为重要的表现能够在最后的考评中被关注，从而增强了绩效考评的公正性。

5. 相似性错误

相似性错误的发生是由于考评者倾向于将自己作为被考评者的"榜样"，将自己的性格、能力、工作作风等与被考评者相比，对于那些与自己较为相似的员工不由自主地会做出较高评价；反之，则评价较低。例如，一位在各方面都要求非常严格的考评者可能会认为那些做事情一丝不苟的员工各方面表现都很出色，而对那些不拘小节的员工则在各方面评价都较低。这种相似性错误的发生通常不是考评人员有意识的，但却不可避免地影响了考评的公正性。要解决此问题，需要对考评人员进行相应的培训，使其形成正确的人才观。

6. 对比效应

对比效应是由于考评者对某一员工的评价受到之前考评对象的考评结果影响而产生的。在通常情况下，如果考评人员前面所考评的几个员工表现较差的话，那么表现一般的员工就会显得比较突出；相反，如果之前考评的员工表现优秀，那么一般水平的员工就会显得表现极差。对这一问题的解决，首先要注重对考评人员的培训，同时也可以考虑采取考评结束后再从整体上进行考查和平衡的方式。

7. 感情效应

人与人之间的感情有好有坏，在考评过程中，考评人员也容易受到感情因素的影响。通常，考评人员倾向于根据被考评者与自己感情的好坏程度，自觉不自觉地过高或过低地评价员工。因此，在对考评人员进行培训时，要使其对感情效应有充分的认识，从而在考评中有意识地站在客观的立场上评价员工。

8. 暗示效应

暗示效应通常来自考评人员的上级或有关权威人士的影响。所谓暗示，是指通过语言、行为或某种事物提示别人，使其接受或照办而引起的迅速的心理反应。在考评过程中，某些员工的"上层路线"可能会使考评人员受到上级的暗示，迫于压力而不得不改变自己原来的看法。这种由于"暗示"而造成的考评误差就是暗示效应误差。要消除暗示效应误差，最重要的是企业各级管理者要树立正确的考评观念，为绩效考评的进行营造一个公开公平的环境。

综上所述，与考评人员相关的误差多数来自主观方面。总体而言，要减少这类误差对考评结果的影响，至少可以从以下三个方面努力：第一，加强对考评人员的培训，培训内容除了要包含有关评价方法和评价技术的正确使用以外，还要使其对考评中可能出现的主观性误差有充分的认识；第二，要选择正确的绩效考评工具，这就要求对各种考评工具的优缺点及适用范围有充分的把握；第三，向考评人员介绍避免如晕轮效应、首因效应等主观性误差的方法，以减少上述问题的出现。

（三）被考评者的问题与防范

1. 员工对考评工作认识的偏差

要想使绩效考评工作取得成功，仅仅依靠执行考评工作的管理者的努力是不够的。重要的是，要尽可能地使被考评者了解并认同企业的考评系统。如果员工对本企业的考评系统缺乏了解或者认同，就极容易对考评工作产生误解。这种误解通常表现在两方面：一是员工对考评工作态度淡漠，认为考评是管理人员的事情，与普通员工关系不大，因而以一种旁观者的姿态面对考评；二是员工对考评工作抱有抵制情绪，认为考评就是为了"报复"或者"整人"，从而以一种不合作的态度对待考评。另外，一部分安于现状、不思进取的员工往往不希望在考评中显示出差别，因此也会给考评工作制造一些阻力。

2. 员工主观方面的原因

来自被考评者主观上的一些问题也会影响考评结果。例如，有的员工比较谦虚，在自我评估时不愿过高地评价自己的业绩；相反，有一些员工则喜欢夸耀自己，在评估时往往过高地评价自己。这些因素都会影响绩效考评的结果。

综上所述，要减少绩效考评工作中由于被考评者的问题而产生的偏差，就要注意对员工进行与考评有关的培训，通过培训使员工认识到考评工作对于企业和员工的重要意义。此外，要尽可能地保证企业考评制度、考评过程的公开与公正，使员工对企业的绩效考评工作建立信任，并认同企业的考评系统。只有通过考评者和被考评者双方的合作和努力，绩效考评的根本目标才能最终得以实现。

第三节　薪酬管理的体系与员工福利

一、职位薪酬体系

（一）职位评价的目的、概念和理论假设

1. 职位评价的目的

在一个企业中，职位名称很多，人们常常需要确定一个职位的价值，比如想知道一个财务人员与一名营销人员相比，究竟谁对企业的价值更大，谁应该获得更好的报酬。为了确定和协调各类职位之间的关系，进行科学、规范的薪酬管理以及有效的人力资源管理，就必须进行职位评价（Job Evaluation），使职位级别明确。

职位评价有两个目的：一是比较企业内部各个职位的相对重要性，得出职位等级序列；二是为进行薪酬调查建立统一的职位评价标准，消除不同公司间由于职位名称不同或即使职位名称相同但实际工作要求和工作内容不同所导致的职位难度差异，使不同职位之间具有可比性，为确保薪酬的公平性奠定基础。它是工作分析的自然结果，同时又以职位说明书为依据。

2. 职位评价的概念

职位评价是企业内部建立薪酬公平机制的重要手段。它是以岗位为中心，依据一定的标准和程序来判断不同岗位对组织的价值大小，并据此建立岗位价值序列的一项专门的人力资源管理技术。

3. 职位评价的理论假设

它的理论假设是：对于不同性质的工作岗位，不论岗位的工作内容是否相同，都可以

通过对比岗位背后所隐含的付酬要素，确定它们的相对价值，并据此确定岗位薪酬。例如，尽管一个绘图员和一个办公室秘书所从事的工作完全不同，但所需要的技能、努力、责任、教育训练水平、对组织的贡献和工作环境等是可以比较的，如果根据一定的标准和程序判断，它们的付酬要素比较结果相同，这两个岗位就应当获得同样的岗位薪酬。

（二）职位评价的方法

1. 职位排序法

职位排序法是最古老、最原始也是最简单的一种方法。职位排序法就是由负责工作评价的人员，根据其对企业各项工作的经验认识和主观判断，对各项工作在企业中的相对价值进行整体的比较，并加以排队。在对各项工作进行比较排序时，一般要求工作评价人员综合考虑工作职责、工作权限、岗位资格、工作条件、工作环境等因素。权衡各项工作在各项因素上的轻重程度并排定次序后，将其划入不同的薪酬等级内。排序法又可以分为三种类型：直接排序法、交替排序法和配对比较排序法。

2. 职位分类法

所谓职位分类法，就是通过制定出一套职位级别标准，然后将职位与标准进行比较，将它们归到各个级别中去。职位分类法的操作步骤如下。

首先，需要对职位进行工作分析，得到职位描述和职位规范信息。其次，同职位排序一样，也需要建立一个评估小组对职位进行分类。再次，也就是最关键的一步，建立一个职位级别体系，建立职位级别体系包括确定等级的数量和为每一个等级确定定义与描述。等级的数量没有什么固定的规定，只要根据需要设定、便于操作并能有效地区分即可。对每一个等级的定义和描述要依据一定的要素进行，这些要素可以根据组织的需要来选定。例如，美国联邦分类体系中所使用的要素有：工作的复杂性和灵活性；接受和实施的监督；所需要的判断能力；所要求的创造性；人际关系的特点和目的；责任和经验；要求的知识水平。最后，就是要将组织中的各个职位归到合适的级别中去。

职位分类法也是一种简便易理解和操作的职位评价方法。它克服了职位排序法只能适用于小型组织、少量职位的局限性，可以对较多的职位进行评估，而且，这种方法的灵活性比较强，尤其适用于组织中职位发生变化的情况，可以迅速将组织中新出现的职位归到合适的类别中去。但是，这种方法也有一定的不足，那就是对职位等级的划分和界定存在一定的难度，有一定的主观性。如果职位级别划分得不合理，将会影响对全部职位的评估。另外，这种方法对职位的评估也是比较粗糙的，只能得出一个职位归在哪个等级中，到底职位之间的价值的量化关系是怎样的也不是很清楚，因此用到薪酬体系中时会遇到一定困难。职位分类法较适合于小型公司及公司结构比较稳定的公司，对于大公司及需要发挥员工创造力的行业的公司不太适合。

3. 因素比较法

因素比较法是一种量化的工作评价方法，是在确定关键岗位和付酬因素（即企业认为应当并愿意为之支付报酬的因素）的基础上，运用关键岗位和付酬因素制成关键岗位排序表，然后将待评岗位就付酬因素与关键岗位进行比较，确定待评岗位的工资率。

（三）薪酬调查

薪酬调查重在解决薪酬对外竞争力的问题。薪酬调查的主要内容为本行业、本地区，尤其是主要竞争对手的薪酬状况。调查数据的来源可以是公开的统计资料，也可以是抽样采访、专门问卷调查，或者是招聘单位发布的招聘信息资料等。一般说来，薪酬调查应由企业的人力资源部负责，操作的程序如下。

1. 选择调查对象

选择调查对象应遵循以下原则：①同行业中同一类型的其他企业。②其他行业中有相似工作的企业。③聘用同类工人的竞争对手企业。④工作环境、经营政策、薪酬与信誉均符合一般标准的企业。⑤根据本企业的人力、物力、财务状况，确定调查企业的数目。

2. 争取与其他企业合作

要获取对方的薪酬资料，一般由本企业总经理亲自与对方总经理沟通，就调查的目的、资料保密、成果分享等问题进行协商，以求得对方的合作。或者由人力资源主管直接与对方人力资源主管接洽，提出调查规划，以获得对方支持。只有双方对薪酬调查取得共识，达成合作协议后，才可进行薪酬调查。

3. 选择具有代表性的职位

代表性职位是指那些职责可明确区分、稳定、不易变化的职位。

4. 确定调查内容

调查的内容主要有：①薪酬内容。各企业薪酬内容差别很大。薪酬内容一般应包括基本工资、津贴、奖金、红利和福利等。②调查各企业的基本工资情况。③调查其他各种补贴和福利。④调查各企业工作时间安排。

5. 收集资料

收集资料的方式很多，一般采取将调查表直接邮寄到对方企业，或者派访谈者到对方企业去访问，有时也采取电话访谈、小组座谈等方式来收集资料。

6. 资料的整理和统计

调查完毕后，就要对资料进行统计并写出调查报告，一般包括资料概述和个别职位资料分析等内容：①各企业现有职员。②各企业薪酬内容和薪酬范围（薪酬的上限和下限）。③由平均数或中位数计算的平均基本薪酬。④调查职位的薪酬总表。⑤各企业薪酬总额统计。

通过调查，可以了解当地的市场平均薪酬水平，将本企业的薪酬水平与之比较，并根据自己的薪酬政策来调整薪酬水平。

二、技能薪酬体系与能力薪酬体系

（一）薪酬体系的设计：基于职位还是基于任职者

知识经济的迅猛发展使组织外部环境的不确定性增强和变化加快，更多的组织采用了扁平化的组织结构以提高灵活性和效率，这就使得通过职位晋升获得薪酬提升的机会变得越来越少。同时，组织建立核心竞争力的战略需要员工具有更高的能力、承担更大的责任、解决更复杂的问题，任务的完成更依赖团队合作和较少的直接监督，这就需要与基于任职者的薪酬体系更匹配。也就是说，为了留住核心员工，薪酬体系的设计必须给员工成长留出空间，必须用职位头衔之外的东西去激励员工。对于影响和强化有利于实现组织目标的行为来说，以任职者为基础的薪酬体系是一种更好的解决问题之道。

（二）技能薪酬的内涵及技能薪酬体系的设计

1. 技能薪酬的内涵

技能薪酬（Skill-Based Pay），简称 SBP。它是以员工个人所掌握的知识、技术和所具备的一种新的能力为基础来支付工资报酬。

2. 技能薪酬体系的设计流程及其步骤

（1）建立技能薪酬体系设计小组

制定技能薪酬体系通常需要建立两个团队：一个是指导委员会，另外一个是设计小组。此外，还有必要挑选出一部分员工作为"主题专家"（Subject-Matter Experts）。他们的主要作用是在设计小组遇到各种技术问题时提供协助。

技能薪酬体系通常只是在企业的一个或某些部门中实行，而不是在整个企业中实行。因此，为了确保技能薪酬体系与企业整体薪酬战略之间的一致性，需要建立起一个由企业高层管理人员组成的委员会。其主要任务是：①确保技能薪酬体系的设计与企业总体的薪酬战略和长期经营战略保持一致。②制定技能薪酬体系设计小组的章程并且批准计划。③对设计小组的工作进行监督。④对设计小组的工作提供指导。⑤审查和批准最终的技能薪酬体系设计方案。⑥批准和支持技能薪酬体系的沟通计划。

（2）进行工作任务分析

技能薪酬体系的付酬要素应当是那些对于有效地完成任务来说至关重要的技能。因此，设计技能薪酬体系的首要工作是要系统描述所涉及的各种工作任务。为了清楚了解这些工作任务，有必要依据一定的格式和规范将这些工作任务描述出来。根据这些标准化的任务描述，我们就能理解为了达到一定的绩效水平所需技能的层次。

在工作分析的基础上，设计小组需要评价各项工作任务的难度和重要性，然后重新编排任务信息，对工作任务进行组合，从而为技能等级和相应薪酬的确定打下基础。

（3）技能等级模块的界定与定价

①技能等级模块的界定

所谓技能等级模块（Skill Block），是指员工按照既定的标准完成工作任务必须能够执行的一个工作任务单位或者是一种工作职能。通过工作分析，我们可以确定技能模块中所包括的工作任务，然后据此对技能模块进行等级评定。

②技能模块的定价

对技能模块的定价实际上就是确定每一技能等级的薪酬标准。虽然这一步骤的重要性得到了广泛认同，但是至今也没有一种标准的技能等级定价方法，即不存在一种能够将技能模块和薪酬联系在一起的标准方式。尽管如此，在对技能模块进行定价的时候，任何组织都需要做出两个基本决定：一是技能等级模块的相对价值，二是技能模块的定价机制。

（4）技能的分析、培训和认证

设计技能薪酬体系的最后一个步骤是关注如何使员工置身于该体系中，对员工进行培训和认证。在这一阶段，需要对员工的现有技能进行分析，同时还要制订出培训计划、技能资格认证计划及追踪管理工作成果的评价标准。

（三）能力薪酬体系的概念及设计方法

1. 能力薪酬体系的兴起与能力的构成

20世纪90年代以后，随着企业之间竞争的加剧，兼并、流程再造、精简裁员等随之而来，企业不得不密切关注如何激励员工以及如何使他们关注企业的战略。在这种背景下，强调员工能力成为企业实现价值的一个重要途径。许多企业发现，自己对于这样一些员工的需求变得越来越紧迫。他们不仅具有很高的能力，而且具有团队协作精神，自己能够做出决策，同时也能承担更多的责任。此外，对于身处现代企业的员工而言，他们需要掌握的不再仅仅是传统的、单纯的知识和技术，更重要的是那些无法显性化的能力——团队协作的能力、实现既定目标的能力、快速解决问题的能力、理解并满足客户需要的能力……正是这些不尽相同的能力构成了企业向员工支付薪酬的基础。

能力薪酬体系在实际操作过程中，通常将员工所具有的能力划分为三个层面，即核心能力、能力模块及能力指标。核心能力是指为了确保组织目标实现，员工所必须具备的技能和素质。核心能力通常是从企业的使命或宗旨陈述中抽象出来的，而这些陈述往往表明了企业的经营理念、价值观、经营战略和远景规划等。能力模块着眼于将核心能力转换为可观察的行为。例如，对应于"经营洞察力"这一项核心能力，能力模块可能涵盖了解组织、管理成本、处理三方关系以及发现商业机会等多个维度。能力指标是指可以用来表示每一能力群中可以观察和测量的行为。在一定程度上，它反映出来的是工作复杂程度不同的职位所需特定能力在程度上的差异。通过能力指标，管理者可比较直观地界定出特定职位所需的行为密度、行为强度、行为复杂程度及需要付出的努力程度。因此，在不同情境下，可根据这些指标来招募员工、评价工作和确定薪酬。

2. 能力薪酬体系建立的步骤

第一步，确定支持企业战略、为企业创造价值的能力。首先企业要界定自己准备支付报酬的能力到底是哪些。因为在不同的战略导向和企业文化氛围中以及在不同的行业中，作为企业报酬对象的能力组合很可能会存在差异。有时候，即使不同的企业所使用的能力在概念上是一样的，但是同样的能力在不同的组织中却很可能有不同的行为表现。

研究表明，最为常用的 20 种核心能力包括成就导向、质量意识、主动性、人际理解力、客户服务导向、影响力、组织知觉性、网络建立、指导性、团队合作、开发他人、团队领导力、技术专家、信息搜寻、分析性思考、观念性思考、自我控制、自信、经营导向、灵活性等。

第二步，确定这些能力可以由哪些品质、特性和行为组合表现出来，即具备何种品质、特性以及行为的员工最有可能是绩效优秀者。

在企业把自己需要员工具备的绩效行为能力界定下来以后，企业还必须明确如何来衡量这些能力。这是因为能力本身是一种抽象的概念，如果没有一种明确的衡量手段来评价员工是否具备某种能力，那么能力薪酬计划本身也就无从谈起。一方面，对能力本身进行直接的衡量很困难；另一方面，企业关心员工能力的最终目的是员工如何运用这种能力来实现企业所期望的经营目标。因此，采用员工在工作过程中的行为表现及其他特性来代替对能力本身的直接衡量不仅是必要的，而且对企业来说也是最有意义的。

在这一步骤的基础上，企业需要通过观察和直接询问绩效优异者是如何完成工作或解决问题的来确定达到优秀绩效的行为特征有哪些，或者说哪些行为表明员工具备某种能力。

第三步，检验这些能力是否真的使得员工的绩效与众不同，只有那些真正有特色的能力和行为才能被包括在内。

第四步，评价员工能力，将能力与薪酬结合起来。根据界定好的能力类型及其等级定义，对员工在某领域中所具备的绩效行为能力进行评价，然后将评价结果与他们所应当获得的基本薪酬结合在一起。显然，在这种薪酬体系中，员工基本薪酬水平的高低取决于他们对于一种工作、角色或者团队功能的理解和执行能力，他们可能因具备某些既定能力或者是能力水平的提高而得到基本薪酬的提升。一旦能力薪酬作为一种基本薪酬被接受，企业就可以将其内化到薪酬体系的其他部分之中，如作为确定浮动薪酬的基础。

三、员工福利

（一）员工法定福利的主要内容

由于法定福利是国家采用立法手段予以固定化，并强制推行，因此公司的法定福利体系需要遵照国家法定福利的各个环节、各个项目与具体制度。如社会保险多个职能机构之间及内部职责划分、财务管理、资金分配与筹集方式，法定福利项目和标准的确定，法定福利的发放，对法定福利活动的监督等，都由法定福利立法加以规定。法律规定性是法定福利得以实施的保障和依据。法定福利制度覆盖的是全体社会成员，不论男女老少，也不分工种职业。其基本生存权利一旦受到威胁，就享有法定福利待遇的权利。

员工法定福利内容庞杂、种类繁多。公司遵照有关法律和条例实行的法定福利可分为社会保险制度、法定假日和休息、劳动安全与健康等三大板块。

1. 社会保险制度

社会保险于 19 世纪 80 年代出现，是当时工业化生产方式带来的社会风险，如工伤、失业、疾病等更加严重，而原有的家庭保障职能弱化，国家出面对工人的利益予以保护的产物。它是一种为丧失劳动能力或暂时失去劳动能力的人提供的收入保险计划，由政府举办，强制从业职工在其就业年份里拨出一部分收入交纳保险税（费）作为保险基金，投保交纳社会保险税（费）满一定期限后，一旦由于保险计划规定的原因丧失劳动能力而收入中断或减少时，即可按照规定领取保险津贴，得到一定的补偿。企业应遵照国家相关法律和条例，办理养老保险、基本医疗保险和失业保险等。

2. 法定假期

法定假期是企业职工依法享有的休息时间。按照有关劳动法规要求，员工有权享受国家法定节日、有薪假期。员工可以享受固定的法定节假日，按照工作时间的规定，享受每周至少两天的休息时间。

3. 劳动安全与健康

作为员工法定福利中的劳动安全与健康是指从法律角度来看企业对员工劳动过程中的安全与健康采取的一系列措施，应负担的责任，以确保员工劳动安全、身体健康。设置的安全与健康的员工福利内容包括劳动制度、技术训练、安全预测、安全决策等。

（二）企业福利

1. 企业补充养老金计划（企业年金计划）

由于各方面的原因，法定福利中的养老金水平不会很高，难以保证劳动者在退休以后过上宽裕的生活。为此，许多国家都鼓励企业在国家法定的养老保险之外，自行建立企业的补充养老保险计划。在我国，企业补充养老保险是企业根据自身经济能力为本企业职工建立的一种辅助性的养老保险，是由国家宏观指导、企业内部决策执行的，所需费用从企业自有资金中的奖励、福利基金内提取。补充养老保险基金由社会保险管理机构按国家技术监督局发布的社会保障号码记入职工个人账号，所存款项及利息归个人所有。实行企业补充养老保险，可以使年老退出劳动岗位的职工按照国家规定领取的养老金因企业经济效益不同而有所差别，体现了效率的原则。

2. 补充医疗保险

由于社会医疗保险保障的范围和程度的有限性，客观上为企业建立补充医疗保险留下了空间。在发达国家，企业健康保健计划已经成为企业的一项常见的福利措施。如在美国，企业通过至少三种方式为员工提供健康福利计划：一是参加商业保险，由雇主和雇员共同缴纳保险费，雇员看病和住院时，由保险公司报销绝大部分医疗费用。二是参加健康保险组织。参加者按会员制的办法定期缴纳一定的会费，患者就诊只能到指定的医院，不能随便选择医生和医院。三是参加某个项目的保险，比较常见的是牙科保险和视力保险。

在我国，由于城镇职工基本医疗保险制度的局限，也有一些企业为职工建立了补充医疗保险计划。这些计划基本上都是针对基本医疗保险费支付封顶线设计的补充保险计划，负担封顶线以上的医疗费用开支，典型的有商业保险公司经营的补充保险、工会组织主办的补充保险和社会保险经办机构举办的补充保险等。

3. 其他正在被广泛采用的福利项目

①额外金钱收入，如在年终、中秋、端午、国庆等特殊节日的加薪、过节费、分红、物价补贴、小费、购物券等。②超时酬金，如超时加班费、节假日值班费或加班优待的饮料、膳食等。③生产性福利设施：舒适的办公环境等。④住房性福利：免费单身宿舍、夜班宿舍、廉价公房出租或廉价出售给本企业员工、提供购房低息或无息贷款等。⑤交通性福利：企业接送员工上下班的班车服务，市内公交费补贴或报销，个人交通工具（自行车、摩托车或汽车）购买的低息（或无息）贷款以及补贴，交通工具的保养费、燃料补助等，交通部门向员工提供的折价票购买权或者内部签票权等。⑥饮食性福利：免费或低价的工作餐，工间休息的免费饮料，餐费报销，免费发放食品，集体折扣代购食品等。⑦教育培训性福利：企业内部的在职或短期的脱产培训，企业外公费进修（业余、部分脱产或脱产），报刊订阅补贴，专业书刊购买补贴，为本企业员工向大学进行捐助等。⑧文体旅游性福利：有组织的集体文体活动（晚会、舞会、郊游、野餐、体育竞赛等），企业自建文体设施（运动场、游泳池、健身房、阅览室、书法、棋、牌、台球等活动室），免费或折扣电影、戏曲、表演、球赛票券，旅游津贴，免费提供的车、船、机票的订票服务等。⑨金融性福利：信用储金、存款户头特惠利率、低息贷款、预支薪金、额外困难补助金等。⑩其他生活性福利：洗澡、理发津贴，降温、取暖津贴，优惠价提供本企业产品或服务等。

（三）弹性福利计划

1. 弹性福利计划的类型

（1）附加型弹性福利计划

它是最普遍的弹性福利制，就是在现有的福利计划之外，再提供其他不同的福利措施或扩大原有福利项目的水准，让员工去选择。例如，某家公司原先的福利计划包括房租津贴、交通补助费、意外险、带薪休假等。如果该公司实施此类型的弹性福利制，它可以将现有的福利项目及其给付水准全部保留下来当作核心福利，然后再根据员工的需求，额外提供不同的福利措施。如国外休假补助、人寿保险等，但通常都会标上一个"金额"作为"售价"。每一个员工则根据他的薪资水准、服务年资、职务高低或家眷数等因素，发给数目不等的福利限额，员工再以分配到的限额去认购所需要的额外福利。

（2）核心加选择型弹性福利计划

它由"核心福利"和"弹性选择福利"组成。"核心福利"是每个员工都可以享有的基本福利，不能自由选择，可以随意选择的福利项目则全部放在"弹性选择福利"之中。这部分福利项目都附有价格，可以让员工选购。员工所获得的福利限额，通常是未实施弹性福利制前所享有的，福利总值超过了其所拥有的限额，差额可以折发现金。

（3）弹性支用账户

它是一种比较特殊的弹性福利制。员工每一年可从其税前总收入中拨出一定数额的款项作为自己的"支用账户"，并以此账户去选择购买雇主所提供的各种福利措施。拨入支用账户的金额无须扣缴所得税，不过账户中的金额如未能于年度内用完，余额就归公司所有，既不可在下一个年度中并用，也不能够以现金的方式发放。

（4）福利套餐型福利计划

由企业同时推出不同的福利组合，每一个组合所包含的福利项目或优惠水准都不一样，员工只能选择其中之一，就好像西餐厅所推出的 A 餐、B 餐一样，食客只能选出其中一个套餐，而不能要求更换里面的内容。在规划此种弹性福利制时，企业可依据员工群体的背景（如婚姻状况、年龄、有无眷属、住宅需求等）来设计。

（5）选高择低型福利计划

它一般会提供几种项目不等、程度不一的福利组合给员工做选择，以组织现有的固定福利计划为基础，再据以规划数种不同的福利组合。这些组合的价值和原有的固定福利相比，有的高，有的低。如果员工看中了一个价值比原有福利措施还高的福利组合，那么他就需要从薪水中扣除一定的金额来支付其间的差价。如果他挑选一个价值较低的福利组合，他就可以要求雇主发给其间的差额。

2. 实行弹性福利计划时应注意的问题

在实际实施弹性福利计划的过程中，需要注意的一点是，企业往往不能在法律允许范围内使员工拥有最大限度的自由选择权。这是因为，一方面，这种做法会因为个别员工的特殊福利要求而大大提高公司的福利成本；另一方面，如果某一员工在其职业生涯的早期阶段做出一个并不明智的福利选择，到后来才发现这一选择其实是一种错误，到那个时候，企业赋予员工的这种自由度很大的选择权反而会招致员工的怨恨。因此，在实施"自助餐式福利计划"的时候，除了国家法律规定的必选福利项目之外，企业还应该限定某些员工必须选择一些福利项目。在这个基础上，员工才可以做出进一步的福利选择。另外，为了保证福利计划的总成本不超出预算，在提供弹性福利计划之前，还需要进行组织内部的福利调查，给出员工一系列可供选择的福利项目，让他们确定自己的福利组合。组织不会提供那些只有少数人选择的福利项目。

第五章

互联网时代生态型人力资源管理创新

第一节　互联网时代企业人才生态链的重构

随着经济的发展，很多企业取得了高速成长，但人才的产出问题始终没有得到很好的解决，几乎所有的企业都面临转型时期的人才生态链这个课题。过去关于人才培养与发展的手段，也到了需要总结的阶段，过去认为非常正确的一些想法和做法，则需要拿出来解构与重构。

一、人才生态链及其内在运行机理

(一) 什么是人才生态系统

人才生态链是指在人才生态系统中，模仿自然生态系统中的生产者、消费者和分解者，以人才价值（知识、技能、劳动成果、经验等）为纽带形成的具有工作衔接关系的人才梯队。

在人才生态系统中，各要素间存在着复杂的关系，既有上下游人才种群间的知识、能力、经验、教训和劳动成果的传递，也有政府、企业、人才市场及培养机构等提供的支持和服务。

按照食物链的分析方法，可以将人才生态系统中的各要素分成两大类：第一类是人才生态链，指的是人才生态系统中的各人才种群，按照生产者、消费者和分解者的关系分别处于人才链条的不同节点上，并按照食物链的运作规律进行价值（知识、技能、劳动成果、经验等）的传递；第二类是与人才生态链相配套的支持服务链，包括政府、企业、人才市场、培养机构等，从政策、环境、市场和服务等角度影响着人才生态链的构建和运行。

人才生态链是人才生态系统的主体，直接关系着人才种群的生存与发展；人才种群间相互激活、相互依存、优势互补、共同进化和发展，同时支持服务链的功能定位和服务取向。要想适应互联网时代的要求，现代企业人力资源管理使用的手段和方法就要针对人才生态链中的各要素提出。

（二）人才生态链的运行机理

人才生态链上各节点的人才种群相生相克、相互依存、相互竞争。为什么各人才种群能聚集在一起并按照食物链的关系成熟运作？要想回答这个问题，首先就要探讨一下人才生态链形成与发展的内在机理，包括人才生态链的形成条件、动力基础、内在机理及作用等。人才生态链展示了人才生态系统中各要素间的有机联系和复杂关系：人才的价值（知识、技能、劳动成果、经验）按照食物链的运作规律进行传递，而与人才相配套的企业人力资源环境将提供支持服务链，从制度、文化、服务等方面影响其构建与运作。基于此原理，人才生态链便对现代企业的人力资源管理的手段和方法提出了新的要求。

二、构建开放动态的人才生态系统

自然界中的生态系统通常都不是孤立存在的，需要跟其他系统进行能量交换。企业人才生态系统也是如此，需要跟外部供应商、客户和利益相关者形成人才生态系统，拓宽人才眼界。在供应商里，可能有企业需要的人才，还能帮企业发掘人才；在消费者中，也可能存在企业的人才，移动互联网时代的"粉丝"就是企业的编外员工。只有不断拓宽思路、构建开放动态的人才生态系统，企业才能自我更新、生生不息。实践证明，人才生态系统的构架应该包括如下几方面：人才个体，由人才个体所组成的人才群落，人才生存的组织环境，培养人才的各类组织，以及非生物因素中的政治、科技、经济、文化等因素和这些因素之间的相互作用关系。下面对人才系统要素予以分析。

（一）明确基本概念

人才生态系统的基本概念包括人才个体、人才种群、人才生存环境系统。

人才个体：人才个体是指构成人才生态系统的基本单元，是人才生态系统研究的基本对象，也是发挥系统作用的核心部分。作为人才个体，他具有不同的需求、不同的知识技能特征，在不同时间行为的表现不同，随着环境的变化以及自身的特点会出现才能进化以及退化的现象。人才个体的各类特征直接影响到人才生态系统的功能发挥。

人才种群：人才种群是指由各类人才所组成的群体。这个群体可以由相同或相似的人才构成，在一个生态系统中可以存在多种多样的人才种群。根据不同的研究目的，人才种群也可以有不同的分类，如从商、从政、从事学术研究的种群或从事不同学科研究所形成的人才类别。在这个人才种群内以及种群之间都会发生各种相互作用及相互影响的关系，如种群之间的合作与竞争、种群内部的合作与竞争等。

人才生存环境系统：是指影响人才形成、生存及发挥作用的环境系统，主要包括人才培养机构、人才的投资者、人才的使用者、人才流动的平台，以及其他非生物因素，如政治、经济、文化等。该系统是发挥人才功能的重要保证。

（二）建立合适的人才生存链

在自然生态系统中，每个生物个体的生存发展都离不开它的食物链，离不开能量的获取与转换。同样，作为人才系统中的人才也离不开它的食物链，从而形成自己的生存链。

在人才的生存链中，不仅有知识与能力的吸收，还有知识与能力的运用，以及知识与能力的再吸收、再培训、再提高。通过这条生存链，人才才能在系统中获得能量，得到生存；通过知识、技能的转化，人才才能获得新提高。如果在这个链条中无法获得所需的能量，人才可能就会枯萎。但人与自然生态还有一个显著的不同，就是人有主动性，人才可以主动流动，所以人才生态系统的建设者就要多关注人才的生存链，保证人才生存链不断裂。

（三）加强人才个体的建设，提高人才的适应性

人才在生态系统中的生存，不仅与他是否获得"食物"有关，更与他是否具有与外界的适应性有关。这里的适应指的是，为了得到最好的生存和发展，个体生物对所处环境及变化在行为上做出的调整和改进。人才适应性是在特定环境下人才生存和发展的适合性，也是与其他人才共处的和谐性，有利于人才的可持续发展。

人才的适应性指标有：能否长期待在组织而不被炒鱿鱼，待遇状况良好，如政治、经济、人际关系等方面；知识与能力等能否得到提高；在特定的组织中是否做出了明显的贡献与成果；等等。

在现实生活中，很多人都说自己注重人才，也花费了很多的精力、财力，可结果总是不尽如人意，因为他们多半都忽视了人才与环境的适应性。所以，系统的建设者必须加强人才个体的教育与建设，帮他们提高系统中的自适应与相互适应能力。

（四）正确处理人才种群间的关系

人才生态系统不仅会以人才个体的面目出现，还会通过大量的人才种群发挥作用。

首先，在人才生态系统中，人才种群间总是在发生各种关系。这些关系主要发生在种群内部各成员间及各种群之间，一方面可以帮助各种群的共生，另一方面也可能造成相关种群的灭亡。其中，种群之间的关系主要是不同行业人才间发生的关系，或者人才上下游之间发生的关系，更多地表现为人才的共生现象，是一种合作关系，但也存在捕食现象，导致排挤。比如一线生产人员与管理者之间的关系、直线与辅助人员的关系、人才上下游之间的关系、不同产品线人员之间的关系等，这些种群之间更多地表现为协作、共生关系，体现为知识与技能的互补，能够有效促进种群之间的共同发展。多物种的共生也让生态保持了平衡。但是，种群之间并不是总能表现为合作，一旦需要相同的稀缺资源，群体也会出现竞争与捕食现象。

其次，种群内的关系表现为同行间的竞争关系，起源于资源的争夺，既有淘汰性竞争，也有共立性竞争，表现为群聚现象。群聚，不仅会受到相同资源的吸引，还能赢得更大的存活概率。通过合作，可以学习得更快、进化得更快，所以人们一般都愿意去人才荟萃的地方；而人才稀缺的地方，即使薪资高，也无法引进人才。当然，为了生存或追求某种目的，种群内个体也存在很多生存冲突。在稀缺性共生领域中，不同个体的生存水平是不同的，越具有竞争意识与竞争能力，越容易在竞争中获得更多的资源，人才发展也越茁壮。所以，系统建设者还要关注人才系统中种群内部与种群之间的关系，帮助种群内与种群间建立起良好的合作关系，形成一种种群的共赢局面。

（五）构建良好的人才生态环境

之所以会发生南橘北枳的现象，是因为生存环境发生了变化。同样，人才引进与使用中的环境不适也会导致这种情况的发生。不过，由于人才具有主观能动性，可以避免离开适宜的生存环境。

在人才生存的生态环境中，组织的人才制度、组织内种群关系、组织本身容纳人才成长的空间、组织业务的特征与人才特征的相容性、人才流动平台的合理性等，对人才功能的正常发挥都会产生重要影响。

如果环境与人才相容，人才就能健康发展，环境就会稳定协调；组织内部人心浮动、人才流动，组织效率就会急剧下滑，生态也会遭到破坏。但是，生态系统的稳定性并不是绝对的。一旦出现一个外在诱因或内在某一成分发生变化，就会引发生态系统的大变动，表现为人才流动、人才积极性发生变化、人才出成果难度增加等。所以，生态系统的管理者不仅要对系统变化提前做好思想准备，还要保证生态环境适宜所需人才的成长。

通过上述五个步骤，区域或组织才能建立起能够发挥整体功能的人才生态系统，每一个分步骤都不可或缺。

三、去中心化：重构人才生态

现代社会，很多组织采用的都是树状结构，无法激发出个人的能力。在法国哲学家吉尔·德勒兹和菲利克斯·加塔利合著的《千高原》一书中提出了"块茎"的概念：树的地下根茎部分会肆意生长，没有中心、没有高低，彼此连接。由此可知，未来的组织必然也是去中心化的，应该让每个人将自己的聪明才智都发挥出来，让人的欲望具有革命性和生产力。

这里，并不是说企业不再需要统一的使命、愿景、价值观和战略，而是要在这样的框架下，做到统一中有个性、聚合中有松散、执行中有创新。移动互联网的出现，为激发每个人的能量创造了条件，一旦移动互联网渗入传统企业，企业定然会由树状结构走向"块茎"结构，更加有利于人才生态链的重新构造。

第二节　人才生态链下的人力资源管理手段和方法

一、人员招聘与配置：企业建立良好人才生态系统的前提和逻辑起点

人才集聚是人才生态链形成与发展的基础，人才集聚产生的集聚引力，是企业人才生态链形成的必要条件。企业人才集聚不是社会上不同人才的简单集合，也不是企业各职位的简单罗列，而是以专业化分工与社会化协作为基础，各种人才种群在企业当中共生互补的生态化过程。因此，企业建立良好人才生态系统的前提和逻辑起点是企业人才的招聘与配置。

根据企业中长期的人才生态系统战略发展规划所需的人才资源缺口来制订人力资源招聘计划是基础。企业就是要招聘到能弥补人才缺口和随组织发展的专业人才。确定了组织的人才资源缺口，企业进行招聘和人才配置工作时就非常有针对性和目的性。

进行人才招聘的时候，首先要考虑的原则是"能岗匹配"。"能岗匹配"共包括两方面的含义：一是某人完全能胜任该岗位的要求，即所谓人得其职；二是岗位要求的能力这个人完全能达到，即所谓职得其人。遵守这一黄金法则，就可以招聘到合适的、理想的人才，而不是最优秀的人才。

能岗匹配是录用人才的一个黄金法则，但现实中有些企业并没有遵循这一原则，导致招聘成本的增加，给企业带来了损失。

"能岗匹配"通常有以下四种情况：一是员工能力与岗位要求一致，可能会留住人才；二是员工能力大于岗位要求，人才流失的可能性最大；三是员工能力小于岗位要求，被动离岗的可能性最大；四是员工能力略低于岗位要求，经过培训，人才保留的可能性最大。

由此可见，员工离职不一定缘于对待遇的不满，还可能是对从事的工作岗位不满意。因此，只有根据具体情况，实事求是地进行岗位分析，才能获取合适的人才、留住人才。

二、绩效管理：考核评价竞争与协作，促进各人才种群的建立和竞争

之所以要进行绩效考核，主要是为了促进企业内各人才种群间的竞争与协作，因此考核过程就不能单纯地考虑个人竞争或个人工作实绩，还要考虑个人所在的团队的工作绩效，要将协作和部门的工作绩效纳入整个绩效管理的考核中，以团队绩效带动个人工作绩效，使个人与团体形成一个利益共同体，促进内部各人才种群的建立和相互竞争。

人才生态链是一个有机整体，而企业内部的人才种群间的竞争与协作是企业人才生态链的生态动因。那么我们如何理解竞争与协作呢？

（一）竞争的四个层次

竞争的结果是由竞争的层次直接决定的。人和人的竞争、企业和企业的竞争面临四个层次。

1. 体能

体能是基础能力，例如你每天有效工作 10 小时，你每年有 300 个工作日，说明你在体能上能够用于输入和产出的有效绝对值远超普通人。300 个有效工作日是什么概念？相当于普通人工作 2 年。功夫深不深就看投入的积累够不够，体能是一切的基础。

2. 体能+知识技能

体能上面的层次是知识和技能，体能是一种有限的资源，是实打实的基础；而知识和技能决定你的基本面，也就是个人如何选择判断以及是否掌握所需要的知识。

3. （体能+知识技能）×资源

资源可以理解为更大范围的深度的协作，可能是人才、人脉、资金、合作或者特权等。

4. ［（体能+知识技能）×资源］趋势

趋势这件事可遇不可求，顺应时代变化抓到市场的风口，只是属于少数人的能力和机会。什么人能最终抓住这些机会？光有体能不行，光有知识和技能也不行，光有资源也不行，这里就需要更高的认知和判断力。

即使个人体能再好、知识技能再强，离开了资源的协助，也无法获得长远发展。反过来讲，有的人拥有资源，但个体能力和知识技能太弱，资源也就无法得到发挥。仅认识到趋势，既没有体能和知识技能，又没有资源，也就只能望洋兴叹了。一定要记住：层次维度的缺失，在竞争开始前就已经决定了结果。

（二）多层次的协作

如果竞争分为四个层次，那么协作就不仅是一种同层次的协作，也可以是跨层次协作。资源的"1+1"和知识技能的"1+1"，各层次上的一点增加都可能让整体效果发生彻底改变。也就是说，只要是增量的协作，都会放大最后的效果；体能和知识技术强，资源也强，合作的效果就更明显了。

其实，个人的竞争要在四个层次维度上展开，个人的协作也同时能在四个层次和维度上进行。因此，为了促进人才生态链保持好的生态环境质量，企业有必要定期从竞争与协作两个角度对员工的知识、技能和劳动成果进行考核评价，比如利用梯度工资确定和鼓励员工的竞争，或者通过对员工的学习、分享、创新行为等进行评价来鼓励刺激员工。

三、薪酬管理：采取基于人才价值的薪酬制度

人才生态链理论提出，在理性人假设的前提下，利益是各人才种群参与人才生态链的动力基础，这是基于人才种群在人才生态链上所获得的收益大于参与之前和参与人才生态链的人才种群较之其他未参与的同类人才种群能获取更多的收益。因此，薪酬福利与管理必须为企业所用，以建设良好的企业人才生态系统。

（一）薪酬系统的功能与原则

美国纽约州立大学布法罗分校教授杰里·纽曼和美国康奈尔大学教授乔治·米尔科维奇在其合著的《薪酬管理》一书中，提出了薪酬系统的三大功能——吸引人才、留住人才和激励人才，并提出了建立薪酬系统应遵循的原则——外部竞争性、内部公平性和激励性。

他们认为，设计薪酬体系时企业要从人才生态链构建的战略角度进行分析。薪酬不仅

是一种制度,更是一种机制,设计合理的薪酬制度可以推动有利于人才生态链构建的因素不断成长和提高,还能使不利因素得到有效抑制和消灭。因此,企业在构建人才生态链时,可以采取基于人才价值(知识、技能、经验和劳动成果)的薪酬制度。

当然,建立以人才价值为纽带形成的具有工作衔接关系的人才梯队,强调员工知识、技能、经验和劳动成果是员工竞争力和企业竞争力的基础,也是采用这种报酬制度的根本原因。采用这种薪酬制度,可以有效促进员工的竞争,激发员工学习知识、技能的热情,促进知识的传递和分享、组织协作的开展,有利于企业人才种群的形成。

(二) 让薪酬制度体现人才价值

哲学中对于价值的定义是:"主体和客体之间一种特定的关系,即客体以自身属性满足主体需要和主体需要被客体满足的效益关系。"由此可以看出,价值体现的是主体与客体之间的一种效益关系。只有在客体以自身属性满足主体需要或主体需要被客体满足的情况下,这个价值才成立、才有意义,否则主客体之间的价值关系是不存在的。为了更好地发挥薪酬制度的激励作用,吸引和留住优秀人才,企业内部的人力资源管理体系还要进一步优化,构建科学合理的薪酬激励体系,让薪酬制度体现人才价值,提高薪酬竞争力。

让薪酬制度体现人才价值是企业实施薪酬管理的核心内容。从实践来看,在更为普遍的情况中,薪酬制度体现人才价值须满足以下六条标准。

第一,人才能够准确知道其作用和公司的期待。

第二,人才有完成预期结果所需要的能力、权力、信息和资源。

第三,人才知道"优秀人才"的标准,释放更高绩效的关键因素就是积极性和意愿。

第四,企业制定薪酬制度要将奖金与"良好"的行为和结果适度联系在一起。

第五,企业运用公正和准确的系统,衡量结果和评估绩效。

第六,人才就绩效是否偏离理想标准及以何种方式偏离,可以频繁地获得有建设性的反馈意见。

企业要想长期保持使命感并高效管理,就要认真思考薪酬制度,既不能让人才在奋斗的时候三心二意,也不能让奋斗者吃亏。看看公司现在的薪酬制度有哪些问题,将问题改掉,公司就会有新的变化。

四、培训和开发:有效调整和优化人才结构的有效措施

企业培训和开发是人才生物链中有效调整和优化人才结构的有效措施。

首先,人才生态系统是动态的、时刻变化的,关注的是企业中人与人、人与环境的结

合。要使员工适应这些动态变化，就要对员工进行长期有序的培训和人力资源开发。其次，在人才生态链中，种群的自我完善与发展也是人才生态链形成的动力基础之一，通过培训和人力资源开发可以实现各层次人才知识、能力、经验、教训和劳动成果的传递。

因此，企业培训既要培训相关的知识技能和意识，也要采用合适的培训方式。要定期提供相应的培训方式，比如在职培训、师徒学制的建立、实行岗位轮换制等，从学习培训角度来影响人才生态链的构建和运行。

（一）人才结构及其优化

人才结构是指构成人才整体的各个要素之间的组合联系方式，包括要素的数量、配置以及在整体中的地位等。人才整体既可指人才个体，即由个体内部各个要素的联系组合而成的整体；也可指人才群体，即由许多人才个体联系组合而成的整体。

现实中，由于企业人才结构存在专业结构不合理，人才年龄结构、层次结构不合理，高级技工在技工中的比例偏低等问题，因此需要对人才结构进行优化。人才结构优化是指从组织的战略发展目标与任务出发，认识和把握人才群体结构的变化规律，建立一个较为理想的人才群体结构，更好地发挥人才群体的作用，使人才群体内各种有关因素形成最佳组合。

现实中的培训机构往往集中了大量的知识型人才，其参与行业竞争的本质也是人才的竞争。因此，人力资源管理水平的高低已经成为培训机构能否持久发展的关键所在。

（二）培训和开发人才的措施

优化人才结构，加快人才培养是重中之重，具体可以采取以下措施，如表 5-1 所示。

表 5-1　培训和开发人才的措施

措施	实施指导
用伯乐的眼光识别出千里马	选拔人才要善于取优汰劣：一要善于识别剔除表里不一、华而不实的"朽才"；二要善于识别剔除品质恶劣、有才无德、投机钻营的"鬼才"；三要善于识别剔除乔装打扮、逢迎拍马、心术不正的"怪才"；四要善于识别剔除趋炎附势、只有说功而无做功、以权谋私的"庸才"。总之，要从人的本质上识别真正的有用人才。当然，对人才也不能求全责备，而要看根正苗壮能培养成才方可使用
为人才脱颖而出创造条件	小树成材需土壤、阳光、水分、肥料及时间，人要成才需知识灌输、道德情操培养、能力锻炼、实践中丰富经验及艰难曲折的考验。人才的培养要在德与才两方面同时并举。在"德"方面，要教育培养人才忠于公司、无私奉献的精神和艰苦创业的斗志；在"才"方面，要丰富人才的智慧，并在实践中锻炼人的才干，提高人才处理各种纷繁复杂事务的能力，同时增加这方面的经验

措施	实施指导
发挥专业人才群体的优势	公司作为一部正常运转的机器，需要各种各样的零部件方能组成。这个比喻说明，在市场经济大潮中，企业要生存、发展，必须培养使用各种各样的管理人才、技术人才、财务人才、测量试验人才等具有一定专业素质的人才，如此才能保证企业"这部机器"正常运转，经得起风浪考验。实践表明，金无足赤、人无全才。那么全才就要靠各种专业人才群体的优势互补
用搭配的方式使用人才	人才使用要注重人才年龄结构、专业技能结构的搭配，方能保证企业管理后继有人。当今科学技术的发展、文化教育水平的提高、市场的广阔及融资渠道的多元化为年轻人在企业界一展身手提供了更为有利的条件。因此，企业人才结构要中、青搭配，专业技能结构要管理型、技能型、开拓型搭配，方能使企业立于不败之地
培养高素质、高技术人才	树立人才资源是第一资源的观念，把促进发展作为人才工作的出发点，把促进人才健康成长和充分发挥人才作用放在首要位置，着力提高包括项目管理人才在内的人才自身的思想道德素质和科学文化素质，充分发挥人才的主观能动性和创造精神
建立健全人才培训工作机制	要坚持把人才培训摆在企业优先发展的战略地位来考虑。组织、人事等有关部门要建立健全人才协调管理和培训计划，采取多种手段和方式更多地培训各类急需的人才，尤其是对企业经营管理人才、专业技术人才和技能人才要加强发现、培养、使用和吸引的力度。采取"请进来，走出去"的办法及聘请专家和有关技术人员对员工进行培训，开办培训班，有针对性地授课。另外，要对重点人员给予适当的待遇以及其他方面的规定和办法，防止人才流失
做好优秀人才的培养工作	做好人才的培养，首先要明白知识经济的特征是以人为本，要树立以人为本的管理观念。在企业管理过程中，要以人为出发点和中心，围绕着激发和调动人的主动性、积极性、创造性展开工作，以实现人与企业共同发展的一系列管理活动。其中最为突出的一点是，以人为本的管理要以人的全面发展为核心

培养更多优秀人才，不是企业为实现某个项目管理而采取的权宜之计，而是一个需要持久建设的具有战略意义的大项目，所以要把培养人才放到战略高度上来对待，不但要做好近期人才的培养工作，也要做好长期的人才储备工作。只有全面优化人才结构，才能为公司健康、稳定、持续发展创造更大的人才竞争优势。

第三节　用创新思维构建人力资源生态圈的实践策略

随着经济的发展，企业的人力资源管理越来越现代化，管理制度也越来越完善、健全，但企业人力资源管理仍然存在着很多制度框架无法解决的内部深层次矛盾，"潜在"问题正在削弱人力资源管理效能。这就需要人力资源管理者与企业高层决策者共同努力，在管理机制创新、领导力建设、能力管理、内在激励、激发人性向善等方面下功夫，不断创新打造人力资源生态圈。

一、从技术创新到体制创新：理顺责权利，进行管理机制创新

（一）人力资源管理面临的责权利问题

与国家体制是关于国家政治权力结构的安排类似，人力资源管理体制就是企业中各级管理者在人事方面的责权利安排。很多企业对各级管理者责权利的安排没有理顺，导致人力资源技术和制度层面的方案很难推动和实施。

第一种情况，责任大、权力小。一些企业决策者总是要求负责人为整个企业或部门业绩负责，但在具体的人事安排上，该负责人连选择和配置副手的权力都没有，有些甚至还无权对副手进行绩效考核。如此，副手就会跟部门或负责人对着干，削弱负责人的领导力和团队战斗力，消耗掉人力资源的价值，人力资源制度也会变得形同虚设、毫无价值。

第二种情况，权力大、责任小。一些企业或部门负责人的权力非常大，其可以决定提拔谁、任用谁以及如何分配各种资源，却不用为用人不当带来的不良后果负责，最后留下一个烂摊子和一群裙带关系提拔上来的人，自己依然高升走人。

第三种情况，责任大、利益小。人力资源变革通常会涉及不同群体的切身利益，管理者需要承担人力资源变革的风险。可是，管理者的薪酬、职务晋升等切身利益却没有跟改革联系起来，管理者也就不会冒风险推动人力资源改革了。

如果真正想利用人力资源管理技术推动企业的创新和进步，首先就要理顺各级管理者在人力资源上的责权利，让管理者有动力去追求更加精细化的人力资源管理技术。反之，再好的人力资源技术和方案也会形同虚设。

其实，促进团队开发一个重要的手段就是使用奖励和认可制度。管理层对团队协作进行奖励，员工就会更加有效率地工作。在项目中，领导可以把为了实现富有挑战性的目标而愿意加班的员工和那些愿意帮助同事的员工重新组织起来，给予他们一定的奖励。如果公司能给该项目经理多一点权力，使他在实际的施工过程中得到更多的可支配权，既能提高项目经理的工作效率，也能满足他个人的权力支配欲望。如果在认可了他的工作成绩后，适当提高他的提成比例，他多半会工作更加努力、更加积极进取，即使该提成比例实施的日期是下个月，甚至下个季度。因为他觉得，自己已经得到公司的认可，个人意见得到了领导的尊重。

（二）建立驱动创新的人力资源管理机制

员工对于薪酬提升有了新的要求，正在倒逼中国企业改革，国家经济增长方式和产业结构升级的要求也明确给出了创新的方向。更重要的是，知识经济时代的社会财富生产方式正在发生巨大变化，中国企业已经无法"躺在低劳动力成本的安乐窝里睡觉"。

未来，中国企业的发展方向是，吸引和留住最优秀的创新型人才、激发人才的创造热情、进一步释放创新型人才身上隐含的巨大生产力，企业要建立一套驱动创新的人力资源管理机制，重视人才的创新潜力和工作动机，有效地对创造型人才进行薪酬激励和股权激励，努力营造一种团队合作和知识分享氛围，鼓励人才工作创新和内部创业，在组织内部形成一种安全气氛和创新气氛。

二、从制度建设到领导力建设：加强人力资源领导力自我建设

人力资源管理一旦出现问题，尤其企业的管理者第一反应就是人力资源管理方案出了问题，觉得方案太粗糙、不够量化和细化，甚至还会要求方案制订者把方案量化、细化到员工找不出毛病、心服口服的程度。其实，任何人力资源管理方案或多或少都存在问题和缺陷，任何方案的推进都会有人支持、有人反对。以绩效考核为例，如果管理者领导力强，无论采用哪种绩效考核方式，无论绩效考核的结果是拉开收入差距还是实现平均分配，都可能调动员工的积极性；如果管理者欠缺领导力，无论采用哪种方案，都有可能遭到员工的激烈反对，让方案无法执行下去。

人力资源管理方案能否顺利执行下去，除了方案本身是否合理，在很大程度上还取决于管理者的领导能力。换句话说，如果人力资源管理制度执行不下去，很有可能是各级管理者的领导力出了问题。与其将过多的精力投入方案的细化、量化中，不如考虑如何提高企业各级管理者的领导力，尤其是加强人力资源领导力的自我建设。

（一）人力资源领导力的内涵

什么是领导力？所谓领导力，就是转变他人的思维方式，激发他人的行动，并以此来成就事物的能力。在人力资源范畴内，管理者的领导力根本是以人为本的人力资源发展能力。

人力资源领导者的职责是制定并实施有关管理办法和策略，为组织建立能够维持企业文化的人员和人事政策，使员工行为更加符合组织规范，使成员的目标与组织目标保持一致，最大限度地保证组织获得成功。具体工作包括提升高层人才管理理念、加大改革魄力

与决心、提高中层管理者的人力资源执行力、提高人力资源部的知识水平与流程优化能力等。

未来企业需要加快推进各级管理者的人力资源领导力建设，依托人力资源管理进行制度创新和完善机制，关心员工需求、提升员工素质、激发员工潜能等，实现员工与企业共同发展的基本目标。

（二）人力资源领导力自我建设的途径和方法

在人力资源管理实践中，人力资源领导力发挥着重要作用。

人力资源管理者在实践过程中，要全面推进领导人员管理制度创新，完善岗位配置与层级体系，强化绩效与薪酬管理以凸显激励作用，优化成长环境以促进人才发展。这些工作要想取得理想的效果，除了企业这个外部条件提供支持外，管理者自身的领导力建设尤为重要，必须为此做出新的努力。其具体包括以下几方面内容，如表5-2所示。

表5-2　人力资源领导力自我建设的途径

途径	进一步说明
增强自信	"自我实现预言"是指那些完全出于想象且成为现实的信念，它可能发生在一个组织的任何层次，积极有效地利用"自我实现预言"对于人力资源管理是极其有益的，人力资源领导的自信可以给员工以感召力，并成为其影响力的源泉
充分发挥共同愿景导向能力	由于受思维定式的影响，人们往往低估自身的能力，所以他们需要别人的"帮助"来想象自己有较强的能力，并在"自我实现预言"的驱动下，激发出他们的潜能，而这种"帮助"正是人力资源领导的重要职责，与这种"帮助"相关的资源的拥有也是人力资源领导的比较优势所在。"帮助"是人力资源领导施加其影响力的主要方式，而共同愿景导向则是"帮助"的切入点 共同愿景阐述了人们希望达到什么目标，是组织成员就所能达到的理想未来所形成的概念。共同愿景是一种我们渴望达到却又永远无法企及的状态，每当我们行将实现当前的构想时，由于我们又获得了新的可能性，这个构想便成为更具挑战性的新的构想。因此，共同愿景给人以希望，促使人们去争取更伟大、更美好的东西。共同愿景是个人目标与团队目标相协调的结果，是激发人们潜能的源泉。而人力资源领导通常是组织的代言人，他们向员工描绘组织现状和未来前景、帮助员工发挥自己潜能的过程，是共同愿景导向的过程，也是人力资源领导施加影响力的过程

途径	进一步说明
培养优良的个人品质	个人品质是领导者的立身之本，对于人力资源领导而言，个人信誉尤为重要。丧失信誉会使人力资源领导无法有效地开展工作。这是因为他们需要别人重视他们的专业知识，相信他们的影响力。由于CEO和直线人员权限很大，人们即使认为他们不值得信赖也会听取或采纳他们的意见。但是，如果人力资源领导失去别人的信赖，他就不会受到重视，也就无法有效地开展工作 领导者个人品质还体现为领导者的责任感。人们之所以要加入组织，是因为组织能够帮助他们达到单靠个人力量无法达到的目标。也就是说，组织成员对其所处的组织有一种天然的依赖感，而如果人力资源领导能够通过自己的言行向员工传递这样一种信息——我对整个组织的成败负责，而且我确信能够做到这一点——那么，员工对组织天然的依赖性便会成为人力资源领导影响力的重要来源
充分发挥解决冲突的能力	据说"冲突是仅次于上帝和爱之外充斥于人们之间的主题"，可见组织中出现冲突是极其正常的，问题是对待冲突的态度。对冲突的处理方法一般包括竞争、协作、回避、迁就、折中。针对冲突的不同类型相机地采取处理方法，趋利避害，使组织的获益最大或是损失最小，是领导者能力的体现。同时，由于冲突必须是双方都能感知的，如果人们没有意识到冲突，那冲突就不存在，所以，冲突在组织中往往是显现的。因此，解决组织中冲突的结果，将直接影响到人力资源领导的威信，并进而影响到他的影响力
运用政治技巧	人力资源管理从某种意义上说也是一种政治活动，有效的人力资源领导总是能够接受组织的政治资本，通过运用政治的观点来评价组织中的各种行为，从而能更好地预测别人的活动，并运用这些信息来形成自己的政治策略，增加自己的影响力
增强学习能力	良好的学习能力是领导者影响力之动力源所在。任何优势都来自差异，一个人所拥有的知识必须是稀缺的，他才能够提供独特的优势。但在网络时代，知识的差异不可能提供永久的资源优势，大家都在以极快的速度学习着，靠垄断知识是很难长期、稳定地拥有资源的比较优势的。因此，人力资源领导能力的培育及其独特竞争优势的保持，主要取决于其自身的学习能力。作为领导者，必须不断自我发展、不断学习，成为组织及其成员发展的楷模。同时，由于人的行为和思维方式的复杂性，人力资源管理充满了不确定因素，墨守成规的人力资源领导是无法适应这种变化的，只有不断学习、不断创新才能做到从容应对

三、从职责管理到能力管理：基于员工发展，做到人岗匹配

对人力资源进行有效配置和合理使用的基础是人岗匹配：一是岗位职责与员工个体特征相匹配，这是基础；二是岗位报酬与员工需要、动机相匹配。人岗匹配的关键是激励员工行为，也就是通过事得其才、才尽其用来实现员工的才能高适用、高发挥。

(一) 人岗匹配与员工发展

自 20 世纪以来，似乎所有中国企业都在强调以岗位为核心的职责管理，但真正做到的很少。这是因为，在机器工业时代出现的"岗位职责"体系，更多的是要求员工被动地匹配岗位需求。对于这样显著的变化，中国企业应该根据员工能力的变化来配置相应的任务，这样才能收到好的效果。

未来企业人力资源管理首先要考虑人（员工）的发展、人的能力、人的兴趣，一定是基于人来匹配工作与岗位职责，而不是基于岗位职责来找人。这就要求企业在职位划分的基础上建立员工的任职资格体系或能力体系，对员工的任职资格或能力进行系统的培养和评价，根据员工的任职资格和能力等级来配置相应的工作任务。

(二) 如何实现"人""岗"的高效率匹配

很多企业人力资源管理者依然寄希望于员工被动地匹配岗位变化，最明显的一个表现是，在企业的某个岗位职责说明中总有这样的一条：完成领导交代的其他任务。其实，"人""岗"的高效率匹配主要基于两个条件：一是岗位职责和员工的能力比较匹配；二是岗位的职责和员工的能力都相对稳定。但是，随着经营环境的动态变化，随着知识型员工强调终身学习时代的到来，企业不但岗位职责变动频繁，员工能力也发生了巨大变化，企业需要重新调整岗位职责和员工能力的匹配情况。

四、从外在报酬到内在激励：认识到平凡岗位的内在价值

生活中，很多人都说中国人拜金主义严重，这一点其实跟企业制度设计过于强调外在报酬有关。过于强调报酬，让工作本身对员工的激励作用逐渐消失。员工做事都是为了名利，得不到名利的事情，没人愿意做。企业人力资源改革，一定要从外在报酬转到工作本身的内在激励。

内在激励并不仅仅适用于层次比较高的人才，对普通员工同样适用。如果企业一开始就认为员工不能采用内在激励，所有的制度就会越来越体现外在激励，培养出来的员工就会更加缺乏内在工作动机。

(一) 员工工作动机的三个层次和阶段

一般而言，员工工作的动机会经历三个层次和阶段。

第一阶段，为了利而工作。人为财死，鸟为食亡，看到有利可图，人们才会努力。某

个员工之所以要到某企业工作，就是为了赚钱。这时，货币薪酬激励就显得尤为重要了。

第二阶段，为了名而工作，员工希望通过努力工作，获得良好声誉与社会地位。他们认为人生的意义就是建功立业，事业就是人生的根本。人可以没有一切，但绝不能没有事业，有了事业才有一切，所以他们需要借助企业来展示自己的才能，获得成功。这时企业要及时认可员工的工作，让员工有荣誉感。

第三阶段，为了职业理想而工作。喜欢某项工作，员工就会将其做到极致。对于这样的员工，企业要鼓励他们选择自己喜欢的工作方向，鼓励员工创造更优秀的绩效，促使他们努力工作。

（二）唤醒员工的内在工作动机和热情

如果认为"员工是为了金钱报酬才努力工作"，这简直就是侮辱人性。基于结果的目标管理容易让员工追求短期利益而损害长期利益，内在激励是员工努力工作的重要驱动要素。过分强调外在激励，会让内在激励逐渐弱化，进而变得越来越依赖外在激励。因此，管理者首先要帮助员工认识到看似平凡的岗位的内在价值在哪里，该岗位和组织存在的使命以及战略目标之间的联系在哪里。管理者需要唤醒员工的内在工作动机，还应该对工作内容进行扩大化和丰富化，推进员工建言系统的完善，这不仅是管理者成熟的表现，实际上也是在帮助员工成长。

五、从利用人性弱点到激发人性向善：不可忽视的 Y 理论

对于人性的善恶，中国古人早有论述，例如战国时期的孟子认为"人性善"，战国末期的荀子认为"人性恶"。对于大多数人来说，与善者相伴，自己也会变得善良；与恶者相交，自己也会变得恶毒。遇善则善，遇恶则恶，从古至今，道理都是如此。这一点，对现代企业的人力资源管理有着重要的指导意义，企业完全可以运用 Y 理论来激发人性向善。

（一）X 理论与 Y 理论

美国社会心理学家、管理学家道格拉斯·麦格雷戈在著作《企业中人的方面》（*The Human Side of Enterprise*）中，首先提出了 X 理论和 Y 理论，这是管理学中关于工作原动力的理论。

X 理论和 Y 理论建立在对人性的根本理解上，前者是性本恶，后者是性本善。对 X 理论和 Y 理论的概括，是道格拉斯·麦格雷戈在学术上最重要的贡献。管理界复杂多变，麦

格雷戈认为，在每个管理决策和管理措施的背后都有一种人性假设，这些假设影响乃至决定着管理决策和措施的制定和效果。

X 理论的主要观点是：人类本来就懒惰，讨厌工作，喜欢逃避，多数人没有雄心壮志，不愿负责，宁可被领导骂；如果想让这些人为目标而努力，就要采用强制办法乃至惩罚、威胁；激励只在生理和安全需要层次上起作用；多数人只有极少的创造力。企业管理的唯一激励办法就是，用经济报酬来激励生产，只要增加金钱奖励，就能取得更高的产量。因此，这种理论特别重视满足员工生理及安全的需要，重视惩罚。

X 理论的管理要点是：管理者以获得利润的经济目的为出发点，将人、财、物等生产要素组织在一起；管理，是指挥他人工作、控制他人活动、调整他人行为，满足组织需要的过程；管理的手段有奖惩、严格的管理制度、严密的控制体系，还可以采用松弛的管理方法，宽容和满足人的各种要求……总之，这种理论偏重于"人性恶"的一面，注重"他律"在管理中的作用。

Y 理论是 X 理论的对称。Y 理论的主要观点是：一般人本性不是厌恶工作，如果给予适当机会，人们会喜欢工作，并渴望发挥其才能；多数人愿意对工作负责，寻求发挥能力的机会；能力的限制和惩罚不是使人为组织目标而努力的唯一办法；激励在需要的各个层次上都起作用；想象力和创造力是人类广泛具有的。因此，人是"自动人"。激励的办法是：扩大工作范围；尽可能把职工工作安排得富有意义，并具挑战性；工作之后引以为豪，满足其自尊和自我实现的需要；使职工达到自我激励。只要启发内因，实行自我控制和自我指导，在条件适合的情况下就能实现组织目标与个人需要统一起来的最理想状态。

Y 理论的管理要点是：要想实现目标，就要综合运用人、财、物等生产要素；把人们安排到具有吸引力和富有意义的岗位上工作；重视人的基本特征和基本需求，鼓励人们亲自制定个人目标和组织目标；把责任最大限度地交给工作者；要用信任取代监督，多一些启发与诱导，少一些命令与服从。总之，管理过程就是一个创造机会、挖掘潜力、排除障碍、鼓励发展员工的过程。

为了降低员工对工作的消极性，持 X 理论的管理者一般都会制定严格的规章制度。他们主张，用人性激发管理，使个人目标和组织目标保持一致，给员工授予更大的权力，为员工提供更大的发挥机会，激发员工对工作的积极性。

麦格雷戈认为，Y 理论比 X 理论更有效，为了极大地调动员工的工作积极性，要鼓励员工参与决策，为员工提供富有挑战性和责任感的工作，建立良好的群体关系。他认为，Y 理论是"个人目标与组织目标的结合"，关键不在于采用强硬的或温和的方法，而在于管理思想从 X 理论变为 Y 理论。

事实上，在过去的数十年中，世界上许多大公司企业都较为坚定地相信道格拉斯·麦格雷戈的 Y 理论，他们相信人是愿意负责、具有创造性和进取心的，每一位员工应当受到尊重和值得信任，并据此制定了大量的人才招聘、培训、选拔和激励制度和方案，结果在实践中获得了巨大的成功。

（二）运用 Y 理论，激发人性向善

著名作家柏杨说，中国人最大的毛病是不团结。在过去的很长一段时间里，为了提高效率，很多企业人力资源管理制度设计都利用了"不团结"这个弱点。这种管理方式，也许有助于提高效率，但也存在很多的问题，比如合作弱、私心多等。

在 20 世纪三四十年代，西方国家人力资格管理已经从 X 理论过渡到 Y 理论。虽然 Y 理论并没有从根本上清晰地说出人性的问题，但却为管理中的人文情怀带来了巨大改变，推动西方国家管理制度的设计者开始利用人性弱点来激发人性向善。

未来，人力资源管理变革一定不能停留在简单提升效率上，不能简单地利用量化考评、计件工资和人与人之间的竞争来提高效率。效率不是管理的唯一目的，管理有着更伟大的使命。管理者在设计制度时，一定要激发员工人性向善，激发团队合作的力量。

第六章

积极组织行为学与企业人力资源管理创新

第一节 积极行为的激励理论与应用

一、内容型激励理论与应用

（一）需求层次理论

1. 需求层次理论的内容

马斯洛需求层次理论把需求分成生理需求、安全需求、社会需求、尊重需求和自我实现需求五类。

各层次需求的基本含义如下。

（1）生理需求

这是人类维持自身生存的最基本要求，包括衣、食、住、行等方面的要求。

如果这些需求得不到满足，人类的生存就成了问题。在这个意义上说，生理需求是推动人们行动的最强大的动力。只有这些最基本的需求满足到维持生存所必需的程度后，其他的需求才能成为新的激励因素。而到了那时，这些已相对满足的需求也就不再成为激励因素。

（2）安全需求

这是人类要求保障自身安全、摆脱事业失败和丧失财产的威胁、避免职业病的侵袭、接触严酷的监督等方面的需求。整个有机体是一个追求安全的机制，人的感受器官、效应器官、智能和其他能量主要是寻求安全的工具，甚至可以把科学和人生观都看成满足安全需求的一部分。当然，当这种需求一旦相对满足后，也就不再成为激励因素了。

（3）社交需求

这一层次的需求包括两方面的内容。一是友爱的需求，即人人都需要伙伴之间、同事之间的融洽关系或保持友爱和忠诚；人人都希望得到爱情，希望爱别人，也渴望接受别人的爱。二是归属的需求，即人都有一种归属于一个群体的感情，希望成为群体中的一员，并相互关心和照顾。感情上的需求比生理上的需求来得细致，它和一个人的生理特性、经历、教育等都有关系。

（4）尊重需求

人人都希望自己有稳定的社会地位，个人的能力和成就得到社会的承认。尊重需求又可分为内部尊重和外部尊重。内部尊重是指一个人希望在各种不同情境中有实力、能胜任、充满信心、独立自主。总之，内部尊重就是人的自尊。外部尊重是指一个人希望有地位、有威信，受到别人的尊重、信赖和高度评价。尊重需求得到满足，能使人对自己充满信心，对社会满腔热情，体验到自己活着的用处和价值。

（5）自我实现需求

这是最高层次的需求，它是指实现个人理想、抱负，最大限度地发挥个人能力，完成与自己的能力相称的一切事情的需要。也就是说，人必须干与自己的能力相称的工作，这样才会使他们感到最大的快乐。为满足自我实现需求所采取的途径是因人而异的。自我实现的需求是在努力挖掘自己的潜力，使自己越来越成为自己所期望的人物。

2. 需求层次理论的基本观点

①五种需求像阶梯一样从低到高，按层次逐级递升，但这种次序不是完全固定的，可以变化，也有很多例外情况。②一般来说，某一层次的需求相对满足了，就会向高一层次发展，追求更高一层次的需求就成为驱使行为的动力。相应地，获得基本满足的需求就不再是一股激励力量。③五种需求可以分为高低两级，其中生理需求、安全需求和社会需求都属于低一级的需求，这些需求通过外部条件就可以满足；而尊重需求和自我实现需求是高级需求，它们是通过内部因素才能满足的，而且一个人对尊重和自我实现的需求是无止境的。同一时期，一个人可能有几种需求，但每一时期总有一种需求占支配地位，对行为起决定作用。任何一种需求都不会因为更高层次需求的发展而消失。各层次的需求相互依赖和重叠，高层次的需求发展后，低层次的需求仍然存在，只是对行为影响的程度大大减小。④一个国家多数人的需求层次结构，是同这个国家的经济发展水平、科技发展水平、文化和人民受教育的程度直接相关的。在不发达国家，生理需求和安全需求占主导的人数比例较大，高级需求占主导的人数比例较小；而在发达国家，则刚好相反。

3. 对需求层次理论的评价

马斯洛的需求层次理论，在一定程度上反映了人类行为和心理活动的共同规律。马斯洛从人的需求出发研究人的行为，抓住了问题的关键；马斯洛指出了人的需求是由低级向高级不断发展的，这一趋势基本上符合需求发展规律。因此，需求层次理论对企业管理者如何有效地调动人的积极性有启发作用。

马斯洛需求层次理论中提到人的需求满足是阶梯式的，是一个需求满足后再追求下一个需求。只是有些学者并不觉得人的需求有着如此强烈的界限划分。难道除了追求基本需求之外人就不能逾越需求的界限去渴望新的超越吗？或者说，平凡的人除了对生活中简单层次需求的追求之外就丧失了对自我实现需求的追求吗？平凡中孕育着不平凡的理想和追求，也会因之产生超越基本需求的动力。

个人需求的层次内容是由个人自己的价值观和世界观决定的。平凡的人同样具有尊重和自我实现的需求。这里所说的自我实现需求的内容不是以社会普遍价值观为标准的，例如成为所谓的"成功人士"，而是以个体自身的价值观为标准，比如"收获稳稳的幸福"。所以，平凡人的自我实现是根据其自身的价值观定义的。而遵从世俗价值观的人却没有办法用这种价值标准衡量出平凡人的自我实现。这恰恰证明了自我实现是一个更高层级的需求，只有通过其个体的内在行为来满足而非外在的条件。

（二）ERG 理论

1. ERG 理论的内容

美国耶鲁大学教授克雷顿·奥尔德弗在马斯洛提出的需求层次理论的基础上，进行了更接近实际经验的研究，提出了一种新的人本主义需要理论。奥尔德弗认为，人们共存在三种核心的需要，即生存（Existence）的需要、相互关系（Relatedness）的需要和成长发展（Growth）的需要，因而这一理论被称为"ERG"理论。生存的需要与人们基本的物质生存需要有关，它包括马斯洛提出的生理和安全需求。第二种需要是相互关系的需要，即指人们对于保持重要的人际关系的要求。这种社会和地位的需要的满足是在与其他需要相互作用中达成的，它们与马斯洛的社会需求和尊重需求分类中的外在部分是相对应的。最后，奥尔德弗把成长发展的需要独立出来，它表示个人谋求发展的内在愿望，包括马斯洛的尊重需求分类中的内在部分和自我实现层次中所包含的特征。

除了用三种需要替代了五种需求以外，与马斯洛的需求层次理论不同的是，奥尔德弗的 ERG 理论还表明了：人在同一时间可能有不止一种需要起作用；如果较高层次需要的满足受到抑制的话，那么人们对较低层次的需要的渴望会变得更加强烈。

马斯洛的需求层次是一种刚性的阶梯式上升结构，即认为较低层次的需求必须在较高层次的需求满足之前得到充分的满足，二者具有不可逆性。而相反的是，ERG 理论并不认为各类需求层次是刚性结构，比如，即使一个人的生存和相互关系的需要尚未得到完全满足，他仍然可以为成长发展的需要工作，而且这三种需要可以同时起作用。

此外，ERG 理论还提出了一种叫"受挫—回归"的思想。马斯洛认为当一个人的某一层次需求尚未得到满足时，他可能会停留在这一需求层次上，直到获得满足为止。相反，ERG 理论则认为，当一个人在某一更高等级的需求层次受挫时，那么作为替代，他的某一较低层次的需求可能会有所增加。例如，如果一个人社会交往的需要得不到满足，可能会增强他对得到更多金钱或更好的工作条件的愿望。与马斯洛需求层次理论相类似的是，ERG 理论认为较低层次的需要满足之后，会引发出对更高层次需要的愿望。不同于需求层次理论的是，ERG 理论认为多种需要可以同时作为激励因素而起作用，并且当满足较高层次需要的企图受挫时，会导致人们向较低层次需要回归。因此，管理措施应该随着人的需要结构的变化而做出相应的改变，并根据每个人不同的需要制定出相应的管理策略。

2. 对 ERG 理论的评价

奥尔德弗的 ERG 理论在需要的分类上并不比马斯洛的理论更完善，对需要的解释也并未超出马斯洛需求理论的范围。如果认为马斯洛的需求层次理论是带有普遍意义的一般规律，那么 ERG 理论则偏重于带有特殊性的个体差异，这表现在 ERG 理论对不同需要之间联系的限制较少。ERG 理论的特点有：①ERG 理论并不强调需要层次的顺序，认为某种需要在一定时间内对行为起作用，而当这种需要得到满足后，可能去追求更高层次的需要，也可能没有这种上升趋势。②ERG 理论认为，当较高级需要受到挫折时，可能会降而求其次。③ERG 理论还认为，某种需要在得到基本满足后，其强烈程度不仅不会减弱，还可能会增强。

3. ERG 理论对现代人力资源管理的启示

ERG 理论认为，因受教育的水平、家庭背景、价值观、个性特征、年龄，以及社会文化环境的差异，某种需要对某个特定的人的重要程度或产生的驱动力是不同的。不同文化修养的人对于各需要层次重要程度的认识也可能不尽相同。各个层次的需要得到的满足越少，则这种需要越为人们所渴望。比如，满足生存需要的工资越低，人们越渴望得到更多的工资。较低层次的需要越是能够得到较多的满足，对较高层次的需要就越渴望。比如，员工的生存需要越是得到满足，对人际关系的需要以及工作成就的需要就越强。较高层次的需要越是满足得少，则对较低层次的需要的渴望也就越多。比如，成长发展的需要得到的满足越少，则对人与人关系的需求就越大，即"受挫—回归"。

需要本身就是激发动机的原始驱动力，一个人如果没有什么需要，也就没有什么动力与活力。反之，一个人只要有需要，就表示存在着激励因素。管理者如能充分了解广大员工的需要，便不愁找不到激励员工的途径。由于每一个层次包含了众多的需要内容，具有相当丰富的激励作用，因而可供管理者设置目标、激发动机、引导行为。而且低层次需要满足后，又有高一层次需要继续激励，因而人的行为始终伴随着内容丰富多彩、形式千变万化的激励方式。因此，管理者要想对员工进行有效的激励，提高企业运作的有效性和高效性，就要将满足员工需要所设置的目标与企业的目标密切结合起来，不仅要掌握充满活力的需要理论，还要善于运用激励员工的管理策略。

作为一名高层管理者，应从调查研究入手，了解和满足下属的需要。人的需要是复杂的、多方面的，人的需要也是产生行为的基础。因此，对下属生存的需要、相互关系的需要和成长发展的需要的解决，乃是激发其行为，调动工作积极性，进而实行有效管理的重要方法和途径。当然，要满足下属的需要，是一件很不容易的事情。企业高层主管应该在调查研究的基础上，对下属的需要进行综合分析，同时考虑到下属的个性心理特点，逐步地、合理地解决问题。当有些需要不能满足，或一时不能满足时，也应向下属解释清楚，做好思想引导工作，从而实现企业的预期目标，做好下属的管理工作，真正做到"激励相容"。此外，高层管理者还应特别注重下属较高层次需要的满足，以防止"受挫—回归"现象的发生。

作为一名领导者，要"以人为本"，为员工提供一个较为和谐宽松的管理环境；要尊重下属的人格，支持下属自我管理、自我控制；要真正授权于下属，使下属实实在在地参与决策和管理过程。绝不能把民主管理作为摆设，走过场，必须充分发挥职工代表大会的作用，满足员工参与民主管理的需要，增强员工的主人翁责任感。同时，在考虑企业自身的财力基础上，尽可能地为员工提供幽雅舒适的生活环境，并切实改善员工工作条件，以利于企业员工的身心健康。要着力塑造吸引人才、留住人才的企业文化氛围，造就能令人心情舒畅的、有助于激发和释放创新能力的宽松环境，使员工感觉到自身存在的价值、意义，认识到自身发展与企业发展是息息相关的，从而为企业发展提供源源不断的动力。待遇、情感和事业三管齐下，使物质激励与精神激励有机地融合为一体，更好地满足员工生存的需要和相互关系的需要。

作为一名企业家，应立足于人，加强对雇员的职业培训与指导。随着人才主权时代的到来，许多企业正在努力迎合自主型雇员。近年来，企业跳槽的雇员多为任职 3 个月至 1

年的员工，针对这种情况，要求企业家应将"依靠人、培养人、发展人"的管理理念贯穿于企业成长的始终，企业的人力资源部门必须制定以员工个人发展为核心的人才战略，致力于开发和完善独特的人才培养方式，以期形成员工终身学习、永恒成长的能力提高激励机制。职业培训的目的在于为员工的成长提供机会，从而满足员工个人的成长发展需要。

（三）成就激励理论

1. 成就激励理论的内容

（1）成就需求（Need for Achievement）

争取成功，希望做得最好的需求。麦克利兰认为，具有强烈的成就需求的人渴望将事情做得更为完美，提高工作效率，获得更大的成功。他们追求的是在争取成功的过程中克服困难、解决难题、努力奋斗的乐趣，以及成功之后的个人的成就感。他们并不看重成功所带来的物质奖励。个体的成就需求与他们所处的经济、文化、社会、政府的发展程度有关，社会风气也制约着人们的成就需求。

（2）权力需求（Need for Power）

影响或控制他人且不受他人控制的需求。权力需求是指影响和控制别人的一种愿望或驱动力。不同的人对权力的渴望程度也有所不同。权力需求较高的人对影响和控制别人表现出很大的兴趣，喜欢对别人"发号施令"，注重争取地位和影响力。他们常常表现出喜欢争辩、健谈、直率和头脑冷静的特质；善于提出问题和要求；喜欢教训别人，并乐于演讲。他们喜欢具有竞争性和能体现较高地位的场合或情境，也会追求出色的成绩。但他们这样做并不像高成就需求的人那样是为了个人的成就感，而是为了获得地位和权力或与自己已具有的权力和地位相称。权力需求是管理成功的基本要素之一。

（3）亲和需求（Need for Affiliation）

建立友好亲密的人际关系的需求。亲和需求就是寻求被他人喜爱和接纳的一种愿望。高亲和动机的人更倾向于与他人进行交往，至少是为他人着想，这种交往会给他带来愉快的感受。高亲和需求者渴望亲和，喜欢合作而不是竞争的工作环境，希望彼此之间沟通与理解，对环境中的人际关系更为敏感。有时，亲和需求也表现为对失去某些亲密关系的恐惧和对人际冲突的回避。亲和需求是保持社会交往和人际关系和谐的重要条件。

2. 对成就动机的评价

成就动机有利于心理健康和社会经济的发展，但并不是所有的成就动机都能推动社会经济的发展。麦克利兰不仅强调了成就动机的作用，还指出成就动机是在一定的社会气氛下形成的。成就动机有个人取向的成就动机和社会取向的成就动机之分。个人取向的成就动机有这样的特点：成就目标和评价标准主要由个人自己来决定；选择什么样的行为来实现成就目标，也由个人自己来做主；成就行为的效果也由个人自己来评价，评价标准也是由个人自己来制定的；个人对成就的价值观念的内化程度比较高，成就的功能自主性比较强，即追求成就本身是一种目的。社会取向的成就动机的特点有：强调个人的成就目标和评价标准主要由他人或所属的团体来决定；选择什么样的行为来实现目标，也是由他人或团体来决定；成就行为的效果由他人或团体来评价，评价标准也是由他人或团体不定期制定的；个人对成就的价值观念的内化程度比较弱，成就的社会工具性比较强，即追求成就是一种手段，是为了让他人或团体高兴。

这两种取向的成就动机各有长短。在社会生活中，如果一个人的成就动机过于偏向某个极端，可能会产生一些不良后果。这时的成就动机就不一定会推动社会的发展了，甚至会起反作用。研究发现，个人取向的成就动机过高的人在组织中往往表现得并不是很出色。由于强调个人取向，这些人用自己个人的业绩标准来衡量成就，也因为个人目标的实现而得到满足。因此，他们更愿意独立工作，因为这样做可以使任务的完成完全取决于他们自己的努力。这一特点可能会降低这些人在团队中的工作表现。一个组织非常需要能够妥协、顺应、将自己的成就需要与组织目标结合起来的人。一个组织如果个人取向的成就动机的人占的比重太大，则这个组织肯定不能获得长足的发展。

二、过程型激励理论与应用

(一) 期望理论

1. 期望理论的主要内容

（1）期望公式

弗鲁姆认为，人总是渴求满足一定的需要并设法达到一定的目标。这个目标在尚未实现时，表现为一种期望，这时目标反过来对个人的动机又是一种激发的力量，而这个激发力量的大小，取决于目标价值（效价）和期望概率（期望值）的乘积。

用公式表示就是：

$$M = ZV \times E$$

其中：M——激发力量，是指调动一个人的积极性，激发人内部潜力的强度。

V——目标价值（效价），这是一个心理学概念，是指达到目标对于满足个人需要的价值。同一目标，由于每个人所处的环境不同、需求不同，其需要的目标价值也就不同。同一个目标对每一个人可能有三种效价：正、零、负。效价越高，激励力量就越大。某一客体如金钱、地位、汽车等，如果个体不喜欢、不愿意获取，目标效价就低，对人的行为的拉动力量就小。举个简单的例子，幼儿对糖果的目标效价就要大于对金钱的目标效价。

E——期望概率，是人们根据过去的经验判断自己达到某种目标的可能性是大还是小，即能够达到目标的概率。目标价值大小直接反映人的需要动机的强弱，期望概率反映人实现需要和动机的信心强弱。如果个体相信通过努力肯定会取得优秀成绩，期望值就高。

这个公式说明，假如一个人把某种目标的价值看得很大，估计能实现的概率也很高，那么这个目标激发动机的力量就越强烈。

经发展后，期望公式表示为：

$$动机 = 效价 \times 期望值 \times 工具性$$

其中：工具性是指能帮助个人实现目标的非个人因素，如环境、快捷方式、任务工具等。例如，在战争环境中，效价和期望值再高，也无法正常提高人的动机性；再如，外资企业良好的办公环境、设备、文化制度，都是吸引人才的重要因素。

（2）期望模式

怎样使激发力量达到最大值，弗鲁姆提出了人的期望模式：个人努力→个人成绩（绩效）→组织奖励（报酬）→个人需要。在这个期望模式中的四个因素，需要兼顾四方面的关系。①个人努力和绩效的关系。这两者的关系取决于个体对目标的期望值。期望值又取决于目标是否适合个人的认识、态度、信仰等个性倾向，以及个人的社会地位和别人对他的期望等社会因素。即由目标本身和个人的主客观条件决定。②绩效与组织奖励的关系。人们总是期望在达到预期成绩后，能够得到适当的合理奖励，如奖金、晋升、提级、表扬等。如果没有相应的有效的物质和精神奖励来强化，时间一长，人们的积极性就会消失。③组织奖励和个人需要的关系。奖励什么要适合每个人的不同需要，要考虑效价。要采取多种形式的奖励，满足各种需要，最大限度地挖掘人的潜力，最有效地提高工作效率。④个人需要的满足与新的行为动力之间的关系。当一个人的需要得到满足之后，他会产生新的需要和追求新的期望目标。需要得到满足的心理会促使他产生新的行为动力，并对实现新的期望目标产生更高的热情。

2. 期望理论的应用

（1）目标设置（绩效计划—绩效实施）

组织在设置目标时，必须考虑以下两个原则：第一，目标必须与员工的物质需要和精神需要相联系，使他们能从组织的目标中看到自己的利益，这样目标价值就会变大；第二，要让员工看到目标实现的可能性很大，这样期望概率就会变高。此外，在设置目标时，还应该考虑到以下三点：①要考虑组织目标和员工个人目标的一致性。管理者要善于使员工的个人目标与组织目标结合起来，引导员工建立良好的价值观，使组织目标能够包含员工更多的共同需求，使更多的员工能在组织目标中看到自己的切身利益，从而把组织目标的完成看成与自己休戚相关的事。②要考虑目标的科学性。一般地说，目标应该带有挑战性，适当地高于个人的能力。但要注意，切不可使目标过高，以免造成心理上的挫折，失去取胜的信心；也不可使目标过低，以免鼓不起干劲，失去内部的动力。③要考虑目标的阶段性。组织的总目标，往往使员工感到"遥远"，应该将总目标分成若干个阶段性的小目标。一方面，小目标易于实现，从而可以提高员工的期望概率；另一方面，小目标便于通过信息反馈检查落实，从而实行有效的定向控制，逐步将员工导向既定的总体目标。

（2）个人努力—绩效关系（绩效实施—绩效评价）

努力工作带来一定工作绩效的可能性，它包括两方面的内容：一是个人能否通过努力实现特定的工作绩效；二是个人通过努力实现的工作绩效能否得到客观的评估。

通过有针对性的培训，使员工掌握与特定工作有关的技能，增强其完成工作的信心。这个工作在绩效计划阶段，通过对完成工作任务需要的技能分析完成。

管理者与员工要多沟通，了解他们的忧虑，给予员工工作上的支持，对他们进行鼓励。在绩效实施阶段，与员工进行持续的绩效沟通，预防或解决工作期间可能发生的各种问题，帮助员工更好地完成绩效计划，起到加强激励的作用。

（3）绩效—结果（组织奖励）关系（绩效评价—绩效反馈）

完善绩效管理制度，为绩效—结果关系提供明确的制度保障。

组织绩效文化，体现为设计浮动的薪酬支付制度以及奖励组织期望的绩效，报酬与绩效挂钩，主要依据贡献进行分配。

（二）目标设置理论

1. 目标设置理论简介

美国马里兰大学管理学兼心理学教授爱德温·洛克和休斯在研究中发现，外来的刺激（如奖励、工作反馈、监督的压力）都是通过目标来影响动机的。目标能引导活动指向与目标有关的行为，使人们根据难度的大小来调整努力的程度，并影响行为的持久性。于是，在一系列科学研究的基础上，他们最先提出"目标设定理论"，认为目标本身就具有激励作用，能把人的需要转变为动机，使人的行为朝着一定的方向努力，并将自己的行为结果与既定的目标相对照，及时进行调整和修正，从而实现目标。这种使需要转化为动机，再由动机支配行动以实现目标的过程就是目标激励。目标激励的效果受目标本身的性质和周围变量的影响。

2. 目标设置理论的基本模式

目标有两个最基本的属性：明确度和难度。

从明确度来看，目标内容可以是模糊的，如"请你做这件事"；目标也可以是明确的，如"请在10分钟内做完这25道题"。明确的目标可使人们更清楚要怎么做，付出多大的努力才能实现目标。目标设定得明确，也便于评价个体的能力。很明显，模糊的目标不利于引导个体的行为和评价他的成绩。因此，目标设定得越明确越好。事实上，明确的目标本身就具有激励作用，这是因为人们有希望了解自己行为的认知倾向。对行为目的和结果的了解能减少行为的盲目性，提高行为的自我控制水平。另外，目标的明确与否对绩效的变化也有影响。也就是说，完成明确目标的被试的绩效变化很小，而目标模糊的被试绩效变化则很大。这是因为模糊目标的不确定性容易产生多种可能的结果。

从难度来看，目标可以是容易的，如在20分钟内做完10道题；中等的，如在20分钟内做完20道题；难的，如在20分钟内做完30道题；或者是不可能完成的，如在20分钟内做完100道题。难度依赖于人和目标之间的关系，同样的目标对某人来说可能是容易的，而对另一个人来说可能是难的，这取决于他们的能力和经验。一般来说，目标的绝对难度越高，人们就越难实现它。有400多个研究发现，绩效与目标的难度水平呈线性关系。当然，这是有前提的，前提条件就是完成任务的人有足够的能力、对目标又有高度的承诺。在这样的条件下，任务越难，绩效越好。一般认为，绩效与目标难度水平之间存在着线性关系，是因为人们可以根据不同的任务难度来调整自己的努力程度。

3. 目标设置理论的意义与缺陷

①目标设置与内部动机之间的关系。一般认为，设置掌握目标（Mastery Goal）比绩效目标（Performance Goal）更能激起内部动机，但这个过程也受到很多其他中介因素的影响，如被试的成就动机的高低等。②目标设置与满意度的关系。目标设置与满意度之间呈现一种复杂的关系。困难目标比容易目标激起更高的绩效，但它却可能导致更低的满意度。③一般认为反馈可以促进绩效的提高，但不同的反馈方式的作用也不一样。因此需要研究清楚如何进行反馈是最有效的。④另外还需要进一步研究的有：目标冲突对绩效效果的影响；当目标困难、任务复杂时，影响选择策略的因素。

三、行为改造型理论与应用

这里我们以归因理论为代表来对行为改造型理论进行介绍。

在日常的社会交往中，人们为了有效地控制和适应环境，往往对发生于周围环境中的各种社会行为有意识或无意识地做出一定的解释，即认知整体在认知过程中，根据他人某种特定的人格特征或某种行为特点推论出其他未知的特点，以寻求各种特点之间的因果关系。

归因理论由社会心理学家海德提出。归因是指人们对自己或他人的行为进行分析，推论出这些行为的原因的过程。归因方式影响到以后的行为方式和动机的强弱。

(一) 归因的五种理论

1. 海德的归因理论

海德重视对人知觉的研究，认为对人知觉的研究的实质就是考察一般人处理有关他人和自己的信息的方式。在海德看来，行为的原因或者在于环境或者在于个人。如果在于环境，则行动者对其行为不负什么责任；如果在于个人，则行动者就要对其行为结果负责。环境原因如他人、奖惩、运气、工作难易等；个人原因如人格、动机、情绪、态度、能力、努力等。如一个学生考试不及格，可能由于个人原因——他不聪明、不努力等，也可能由于环境原因——课程太难、考试不合理等。海德关于环境与个人、外因与内因的归因理论成为后来归因研究的基础。他认为，对人的知觉在人际交往上的作用的研究就在于使观察者能预测和控制他人的行为。

2. 维纳的归因理论

内因—外因方面只是归因判断的一个方面，还应当增加另一个方面，即暂时—稳定方面。这两个方面都是重要的，而且是彼此独立的。暂时—稳定方面在形成期望、预测未来的成败上至关重要。例如，如果我们认为甲工作做得出色是由于他的能力强或任务容易等，那么就可以期望，如果将来给予同样的任务他还会做得出色。如果我们认为其成功的原因是他心情好或机遇好等暂时因素造成的，那么就不会期望他将来还会做得出色。

人们可以把行为归因于许多因素，但无论什么因素大都可以纳入内因—外因、暂时—稳定这两个方面的四大类中。

3. 阿布拉姆森等人的归因理论

他们依据习得的无能为力的研究对失败的归因做了补充，提出了第三个方面，即普遍—特殊方面。如一个学生由于数学老师的偏见在数学考试上总是得不到好的分数，于是他放弃了对数学的努力，这是习得的无能为力的表现。他的这种无能为力如果只表现在数学一门课程上就属于特殊方面，如果也扩散到其他课程上，则属于普遍方面。

4. 凯利的归因理论

凯利提出可以使用三种不同的解释说明行为的原因：①归因于从事该行为的行动者；②归因于行动者的对手；③归因于行为产生的环境。以教授甲批评学生乙一事为例，我们既可归因于学生乙，如学生乙懒惰；也可归因于教授甲，如教授甲是个爱批评人的人；又可归因于环境，如环境使教授甲误解了学生乙。这三个原因都是可能的，问题在于要找出一个真正的原因。凯利认为，要找出真正的原因主要使用三种信息：一致性、一贯性和特异性。一致性是指该行为是否与其他人的行为相一致，如果每个教授都批评学生乙，则教授的行为是一致性高的。一贯性指行动者的行为是否一贯，如教授甲是否总是批评学生乙，如果是的，则一贯性高。特异性指行动者的行为在不同情况下对不同的人是否相同，如教授甲是否在一定情况下对学生乙如此，而对其他学生则不如此，如果是的，则特异性高。凯利从这里引出结论说，如果一致性低、一贯性高、特异性低，则应归因于行动者。这就是说，其他教授都不批评学生乙，教授甲总是批评学生乙，教授甲对其他学生也如此，此时应归因于教授甲。如果一致性高、一贯性高、特异性高，则应归因于对手。这就是说，每个教授都批评学生乙，教授甲总是批评学生乙，教授甲不批评其他学生，此时应归因于学生乙。如果一致性低、一贯性低、特异性高，则应归因于环境。这就是说，其他教授都不批评学生乙，教授甲也不总是批评学生乙，教授甲只是在一定情况下批评了学生乙，对其他学生未加批评，此时应归因于环境。凯利强调了三种信息的重要性，所以他的理论又称为三度理论。这个理论是个理想化的模型，人们实际上往往得不到这个模型所要求的全部信息。在这种情况下，人们如何解释行为呢？凯利提出了因果图式的概念。人们在生活经验中形成某种看法，即图式，以此解释特定的行为。如父亲拥抱儿子这件事，可能有几个原因，一个是父亲是个热情的人，另一个是儿子做了什么好事。如果我们知道儿子没做什么好事，那么我们会认为父亲是个热情的人。如果我们知道父亲不是个热情的人，那么我们会认为儿子做了什么好事。

5. 琼斯和戴维斯的归因理论

琼斯和戴维斯提出的归因理论称为对应推论。这个理论主张，当人们进行个人归因时，就要从行为及其结果推导出行为的意图和动机。推导出的行为意图和动机与所观察到的行为及其结果相对应，即对应推论。一个人关于行为和行为原因所拥有的信息越多，他对该行为所做出的推论的对应性就越高。一个行为越是异乎寻常，则观察者对其原因推论的对应性就越大。

影响对应推论的因素主要有三个：①非共同性结果，指所选行动方案有不同于其他行动方案的特点。例如，一个人站起来，关上窗户，穿上毛衣。此时我们可以推断他感到冷了。单是关上窗户的行动也可能表示是在躲避窗外的噪声，而穿上毛衣这个非共同性结果就可以使人推断这个行动是由于冷。②社会期望，一个人表现出符合社会期望的行动时，我们很难推断他的真实态度。如一个参加晚会的人在离开时对主人说对晚会很感兴趣，这是符合社会期望的说法，从这个行动很难推断其真实态度。但是当一个人的行为不符合社会期望或不为社会所公认时，该行为很可能与其真实态度相对应。如上述参加晚会的人在离开时对主人说晚会很糟糕，这是不符合社会期望的行为，它很可能反映出行动者的真实态度。③选择自由，如果我们知道某人从事某行动是自由选择的，我们便倾向于认为这个行为与某人的态度是对应的。如果不是自由选择的，则难于做出对应推论。

（二）归因理论在人力资源管理中的应用

人力资本专用性的可增强性及其供给的不确定性决定了外部市场契约只能对人力资本的作用做一般性的规定，而细节则要等到进入企业再说，即人力资本所有者与企业家之间形成了一种不完全契约。契约中的一些权利和义务尚未确定，需要根据人力资本进入企业后视其能力的高低及对企业贡献的大小不断进行修订和完善。这里我们主要探讨企业家与人力资本的长期契约。

在市场经济下，长期契约本身具有灵活性和再交易性。虽然合约的某些细节事前具有非契约性，但事后客观情况一旦确定，双方就可以进行讨价还价和重订契约。企业家与人力资本之间的关系不过是一种普通的市场交易关系，是对人力资本的管理、指导和任务分配过程，是继续维持参与交易都能够接受的合同条款谈判的过程。

人力资本的使用细节并不完全由行政权威单边决定，行政命令在人力资本配置上的交易成本并不为零。正常情况下，人力资本所有者对企业的贡献越大，他所期望的报酬也越高。如果企业家仍按照最初的契约支付报酬，则人力资本所有者就会采取消极的态度，或者满腹牢骚，或者索性偷懒，甚至另谋高就。因此企业内进行人力资源管理实质上就是企业家与人力资本交易契约不断修订、不断完善，最终达到两全其美的反反复复的过程。由于企业家的主要职能是委托各种各样的人力资本去实现其所期望的目标，即通过别人把事情办好，因而他直接监控的是人力资本而不是物质资本。当然人力资本交易并不能完全取代和消除物质资本交易，企业还必须进行诸如资金筹措和物资、产品供销等一系列物质资本交易。这些交易主要发生在企业外部，而不是在企业内部。他们通常不是由企业的物质资本所有者直接进行，而是由企业中的劳动者，即形形色色的人力资本来完成，企业家通过人力资本来控制物质资本。因此，物质资本交易是建立在人力资本交易的基础之上的。只有人力资本的交易如鱼得水，才有可能节约物质资本的交易费用。由此我们可以得出结论：人力资本交易是企业内部交易的主要内容，也是企业内部交易费用产生的根源。企业对市场的替代从根本上来说就是人力资本交易对物质资本交易的替代，企业内部的经营管理就是一系列人力资本交易的过程，即人力资本契约的不断签订和实现过程。

人力资源管理是一项管理人的行为的活动。因此，作为解释人的行为原因的归因理论必然可以广泛地运用到人力资源管理的各个环节。

1. 人才选拔

凯利认为，只有拥有充足的信息，才能做出合理的归因。联想到目前人才市场上"一见钟情"式的面试方式，能不觉得"唐突"吗？"A friend in need is a friend indeed"，根据琼斯与戴维斯的不寻常原则，只有大胆起用"带刺"的员工，才能给组织带来创新的活力。

维纳认为，人们在不同的归因风格下有着不同的情绪和动机水平。因此，我们在选拔人才时应力求避免这样两种人：一是自命不凡者，这种人习惯将自己的成功归于内在因素，将自己的失败归于外在因素；而将别人的成功归于外在因素，将别人的失败归于内在因素。与这种人合作必然影响团队精神。二是习得无助者，这种人总是把成功归于运气好，把失败归于能力不足。常与这种"祥林嫂"式的人物合作最终会导致整个团队萎靡不振。

所以，最佳人选是那些自我效能高的人，这种人能根据自己以往的经验，对某一特殊工作或事务，经过多次成败的历练后，确认自己对处理该项工作具有高度的效能。因此，他面对挑战性的情境，敢于冒险一试，一旦失败也不会怨天尤人。同这种人合作便会信心十足、其乐无穷。

2. 培训与开发

传统意义上的培训与开发多注重知识的更新和技能的提高，其实，观念的转变和情绪的调节也是培训与开发的重要职能。归因理论认为，情绪不是由某一诱发性事件本身引起的，而是由经历了这一事件的个体对这一事件的解释和评价引起的。两个人同时遭到上司的严厉批评，甲认为上司今天可能心情不好，因此并不在乎。但乙却另有想法：他在故意整我！于是耿耿于怀。

从这个例子中可以看出，人们的情绪及行为反应与人们对事物的想法密切相关，在这些想法或看法的背后，有着人们对一类事物的共同看法，即观念。

紧张的工作、烦琐的程序、人与人之间长时间得不到沟通，必然会出现分歧和误解。如果不予以重视，最终可能导致组织的瘫痪。有三种极端的归因症状不容忽视：一是绝对化，即以自己的意愿为出发点，对某一事件怀有其必定会这样或必定不会这样的观念，一旦事件的发生与其愿望相悖时便陷入情绪困扰。二是过分概括化，一方面，对其自身进行不合理的评价。一些人面对失败或极坏的结果时，往往会认为自己"一无是处""一文不值""是废物"等；相反，面对点滴成功又往往"忘乎所以"。另一方面，是对他人的不合理评价，即别人稍有差池就认为对方很坏、一无可取等。三是糟糕至极，即如果一件不好的事发生就认为一切都完了，好像天就要塌下来了。因此，组织在定期对员工进行知识和技能培训的同时，还应借助"归因疗法"转变他们的观念、调节他们的情绪，全面提高他们的素质。

3. 绩效评估

大多数归因研究均把普通人假定为像科学家那样富有理性。事实上，现实中的个体对社会行为进行归因时不会那么理性，更可能会"感情用事"。况且，他们也不可能占有足够的信息，于是难免出现归因偏差，甚至会表现出对某种原因的系统偏好。

在进行绩效评估时至少要注意三种归因偏差：①基本归因偏差，即大多数人喜欢进行个人归因，不喜欢做情境归因。如一个人成功了则能力强，失败了也只怪他无能，绝非"天不助也"。②观察者与活动者归因偏差，即虽然面对同一行为，活动者往往把失败归于情境，而观察者则归因于个人；活动者往往把成功归因于个人，而观察者则更可能归因于情境，正所谓"看人挑担轻"。所以，专家评估中的"专家"作为一个观察者，看上去"置身事外"，其实也难以客观公正。③利己归因偏差，即当观察者与活动者本身发生利益冲突时，可能做出不同的归因（如学生怪老师差、老师骂学生笨）。因此，领导评议、自我评价、群众评议都会有"涉嫌"而进行利己归因的可能性。

4. 工作激励

传统的激励理论都强调从外部采用某种管理策略来调动员工的工作积极性，因此，我们不妨称之为外在型激励理论（如"公平理论"强调分配与奖励制度的公平合理、"双因素理论"强调要尽量使员工感到满意、"期望理论"强调运用适当的方法以调整员工对未来行为结果的认知预期等）。然而，归因理论却不同，它既不要求增加工资奖金，也不需要改善环境条件。它强调通过改变员工对所发生事件的归因认知来激励和引导员工的行为，即引导员工对所发生的事件做出合理的归因分析，一旦员工接受了这种原因，他们的态度就会发生改变，从而主动积极地投入活动中。因此，我们称之为内在型激励理论。

四、积极组织行为学的员工激励

（一）积极组织行为对于员工激励的意义

1. 积极组织行为有助于激励员工创新

员工的创新意识与创新行为主要在于员工自身在企业的定位，积极的组织善于变革和创新，能够激发员工的创新思想。企业组织通过积极行为，加强与社会各类平台、社会资源协同创新时，可激发各层次员工的创新意识和提高其对于创新的重视程度。一旦组织体现积极的协同创新表现，并设置相对应的激励创新的制度，则有助于员工的创新能力的提升，同时通过形成组织内部的通畅交流与沟通、信息共享和资源整合，最终实现组织创新。

2. 积极组织行为有助于激发员工的组织认同感

积极组织行为表现为对国家、对社会、对员工的责任感，根据相关的文献研究和调研数据分析，积极组织行为传达出企业精神，而此种企业精神有助于不断延续企业组织的积极行为，同时对企业员工的行为有显著的正影响，可以在很大程度上增强员工对于组织的归属感，从而愿意履行更多责任、拥有更大担当，增强工作投入度，为企业做出更大贡献。

3. 积极组织行为有助于塑造和谐的企业氛围

组织通过积极的行为实现对员工进行有效管理的目标，包括设置各项管理制度、内部管理各子系统的协调、资源有效整合，积极组织行为能够愉悦员工心情，容易形成和谐融洽的企业心理环境和气氛，可有效地影响员工行为，提升经营活动的效率，实现员工与组织的双赢。同时，和谐轻松的环境也能够引导和激励员工，尽快融入企业的管理过程中，领悟企业的管理战略和经营思路，增强团队凝聚力和向心力，提升个人道德价值观，加深情感管理，减少员工之间的摩擦，增强组织内部的协调性。

（二）积极组织行为学视角下企业员工激励策略

积极组织行为学的研究标准是必须能够应用于管理实践，对管理者和员工进行开发、训练，最终实现提高组织绩效的目标。在积极组织行为学视角下，企业设置具体的目标管理，确立民主管理机制，开展员工培训，重视团队建设。

1. 设置具体的目标管理

目标管理就是对工作的结果是否符合目标要求进行评价或反省，以利于设置下个目标时借鉴。目标管理能够激励员工集中资源，使任务、责任明确化，能使部门进行自主的弹性运营。目标管理能够使员工提高工作能力，明确责任，增强参与意识和创新精神。首先，企业高层管理者设置预定目标，对企业组织有一个清晰的认识；其次，企业组织根据高层设置的预定目标分解目标，再确立下属目标，让下属明白组织规划和组织目标。

2. 确立民主管理机制

员工权利丧失，会影响员工在组织中的存在感。在现代企业管理过程中，要使员工的积极性、潜力和凝聚力得到充分发挥，就必须确立民主管理机制，鼓励更多的员工参与组织事务，增强员工在企业中的归属感和认同感。在确立民主管理机制时，首先，要推进民主管理制度的规范化进程，加强完善企业组织的结构；其次，要完善职工代表大会制度，确立企业员工事项共决机制让员工感受到民主、平等和尊重。

3. 开展员工培训

随着技术进步，学习型组织的建设进程不断推进，员工技能需要提升，而且长久在岗位上可能产生职业倦怠，组织需要开展员工培训，从而激发员工的奋斗力量。员工培训是指一定组织为开展业务及培育人才，采用各种方式对员工进行有目的、有计划的培养和训练的管理活动，其目标是使员工不断更新知识，开拓技能，改进员工的动机、态度和行为以适应新要求，更好地胜任现职工作或担负更高级别的职务，从而促进组织效率提高和组织目标实现。

4. 重视团队建设

员工既是组织成员，也应该是团队成员。积极组织行为需要用团队来代言，大量积极的协同与合作、知识与资源的共享、大量的创新存在在团队中，能够增强员工对于组织的认同感，从而由内而外地与组织建立长期的信任合作关系。

总之，积极组织行为对于员工激励有着重要作用。积极组织行为学这种全新的理念与观点也为促进员工和企业共同成长提供了新思路，开辟了全新领域，对组织激励实践有很强的促进作用。企业组织也需要不断完善自身，产生更多积极的行为来影响、约束、调整员工行为，实现激励目标。

第二节　积极组织行为学对人力资源管理的作用

一、积极组织行为学的内涵

积极组织行为学具体而言，是对积极导向的，且能够被测量开发的行为进行有效管理，从而促进工作领域中的绩效改进，实现绩效目标的提高。积极组织行为学所包括的概念既适用于管理者的开发，也适用于普通员工的开发。积极组织行为学家的使命即发现、确认符合上述标准的积极心理能力，并将其与重要的组织结果联系起来。符合积极组织行为学定义标准的概念主要有自我效能感（Self-Efficacy）、希望（Hope）、乐观（Optimism）、主观幸福感（Subjective Well-Being）和恢复力（Resilience）等，它们是积极组织行为学取向最典型的代表。

自我效能感，是指人们对自己实现特定领域行为目标所需能力的一种信念。希望，是指个体相信自己能够设置目标，想出如何实现目标的途径。乐观，是一种倾向于做积极结果预期和积极因果归因的认知特性。主观幸福感，是指人们关于自己生活的情感性和认知性的评价。恢复力，是指面对创伤、困难或者逆境时的有效应对和适应。

二、积极组织行为学对管理实践的作用

积极组织行为学的产生既是社会经济发展的需要，也是企业自身、员工个人发展的需要，在组织管理实践当中，需要对其进行合理的应用，才能发挥其提升组织绩效的作用。

（一）自我效能感

通常人们害怕并逃避他们认为自己难以应付的威胁性情境，而当他们判断自己能够成功处理威胁不大的情境时，他们的行为就会非常果断，对自我完成某项任务能力的判断就是"自我效能感"。自我效能感是与组织的工作绩效呈正相关的。一个自我效能感高的员工，其绩效表现也较高。这种有着高自我效能感的员工，能够合理地分配自己的精力，全身心地集中自己的注意力，应对工作中出现的种种困难，并为此付出更多的努力。一个高

绩效的员工，往往是那些非常认真工作、高度自信，且愿意为工作付出并有强烈自我意识的人。

（二）希望

对希望有关的研究已经发现，希望与人的精神状态、生理条件有着明显的相关性。一个高希望的人，在任何时候遇到困难，都有着向外界寻求帮助的意识，其对外部环境的适应性较好，同时还会利用新的思维方式来尝试寻找解决问题的途径。还有研究发现，在工作压力较强的行业中，比如服务业，拥有高希望的工作者工作完成度更好，且满意度也较高，其在工作中不易产生倦怠。另有研究表明管理者的希望水平与其组织营收、员工对组织认可有显著相关。

（三）乐观

乐观是一种认识特征，其有着积极的结果期望。在组织管理当中，乐观的管理者和员工相处更为融洽，组织绩效以及员工的留职率更高，其面临的压力也更少。而乐观对工作的积极影响是潜在的，与其相对的，悲观在某些工作当中可能更为有利（如财务管理、建筑工程、金融领域等）。基于此，积极组织行为学提倡乐观也要随着管理的实际情况来应用。

（四）主观幸福感

主体对自己的整体生存状态进行评估，且拥有自定的标准，由此得出的主观评价就是主观幸福感。主观幸福感与工作满意度密切相关，当人们感到自己生活幸福时，往往选择在工作中发挥自己的全部能力，倾向于寻找工作满意。这也是在组织管理中，组织只考虑员工的工作满意度，而不去关注组织以外员工的生活，会导致员工的幸福感低下的原因。

（五）情绪智力

情绪智力具有很广阔的开发前景，其应用性也在进一步加强。个体在工作中能否取得成功与情绪智力的高低密切相关，其影响是不可忽视的。情绪智力不仅会影响到员工个人的工作效率、家庭和谐，以及生理健康，也在一定程度上决定了企业生产力水平的高低和竞争力的强弱。企业需要创建企业文化，更加重视团队合作和积极沟通。高情绪智力可以帮助员工把握客户的情绪，在发生问题时及时有效地处理，从而实现工作目标。

积极组织行为学自提出以来已有很多年的发展历程，它的研究成果已经广泛应用于企业管理当中，成为企业提升管理水平，增强员工归属感，增进企业工作效率的重要途径。

我们应当把握住积极组织行为学的一般特征，科学地、创造性地去运用它，才能为管理理论的发展和管理实践的提升做出应有的贡献。

三、积极组织行为学在管理实践中的应用

（一）全方位搭建自我效能感的平台

自我效能感的开发方法和策略主要包括以下几种：给个体提供有关任务特征、任务复杂程度、任务环境等信息，并指导其如何更好地控制这些因素；提供培训以直接提高个体工作能力或指导个体如何恰当地运用能力去完成工作；帮助个体了解完成任务所需的行为的、分析的和心理的策略，如运用咨询和指导等形式；帮助个体理解行为策略、分析策略、心理策略的优势与不足，并学会适时加以综合运用；通过培训改变个体错误的归因，提高其动机水平；设置合理的阶段性目标，以获取成功的经验；运用积极的反馈方式，使个体感觉到组织的积极支持；等等。

（二）扬起希望的风帆

与自我效能感类似，希望可能在某些类型的工作（如产品开发或销售）中具有特别重要的作用。希望的培训和开发可以通过以下方式进行：通过发展胜任感和自我效能感唤醒内部动机，使个体的才能与工作要求相匹配；创设支持性的工作环境，让员工参与目标设置，以获得其对目标的接受和承诺；鼓励员工设置和追求具体的、富于挑战性的目标，训练员工阐释目标并采用分步法将复杂、长期的战略分解为更为具体的步骤和阶段；训练员工如何开发出实现目标的具体行动计划；帮助员工开发重置目标的技能，它能使个体意识到当遇到不可抗拒的目标阻力时，不应继续盲目坚持，而应对目标进行重置；训练员工对即将发生的重要事件进行心理预演。

（三）营造乐观的心理环境

心理学家把乐观定义为一种倾向于做积极结果预期和积极因果归因的认知特性。乐观的开发主要有以下三种方式："宽容过去"，管理者和员工应学会反思和接受自己过去的失败和挫折，原谅自己的那些已无法逆转的过失；"正确评价现在"，感激和满足于自己当前生活的积极方面，包括那些可控的和不可控的事物；"为未来寻求机会"，未来的不确定性可以被视为成长和进步的机会，因而个体应以一种积极、自信的态度迎接它。另外，在开发乐观品质时还要注意"适度"，即寻求现实、灵活的最佳乐观类型。

（四）品尝主观幸福的感觉

主观幸福感是指人们关于自己生活的情感性和认知性的评价。随着最近对诸如工作—家庭平衡等生活与工作关系问题的认识，主观幸福感对组织参与者的影响将会日益受到关注。当然还有一些问题有待于进一步探讨，如远程办公、虚拟团队、数字鸿沟和全球竞争环境等工作领域所发生的变迁与主观幸福感的相互影响关系。研究表明社会关系和流动能够提高人们的主观幸福感并进而改善工作绩效。因而在针对这些具有挑战性的工作领域变迁而开发和管理主观幸福感时，一个有效的途径是使远程办公者和虚拟团队成员与工作伙伴定期进行面对面的交流和沟通。另外，在进行工作分派和职业生涯辅导时，也要注意使员工保持最佳的流动，使员工的专业技术、家庭和时间三者相互协调。

（五）释放情商的潜能

情绪智力又称情绪能力或情绪智商。情绪智力不仅会深刻地影响一个人的健康状况、家庭和谐及工作效率，也是主导企业生产力高低与竞争力强弱的主要原因。当今的企业环境已非昔日可比，过去集权式的领导、高压式的管理已逐渐瓦解，取而代之的是团队合作和坦诚沟通。高情绪智力可以帮助我们掌握同事或客户的情绪，发生争议或有分歧时能妥善处理，进而实现工作目标。例如，企业通过提供健康津贴、有益身心健康的活动和员工补助，以减少可能的健康、压力、疲惫方面的身心风险。关注资本战略，是指在降低风险的同时，企业进行成功资本的战略开发，增加那些可以提高成功概率的资源。

（六）培养逆境中的恢复力

恢复力是指面对创伤、困难或者逆境时的有效应对和适应。当生活变化对人们造成威胁时，这种自我保护的生物本能就会展现出来。还有待确证的是领导者和员工的恢复力对组织效力和绩效改进的积极影响。恢复力的开发策略主要包括以下三方面：风险聚焦策略，即专注于削减那些能增加消极结果可能性的风险和应激源；资源聚焦策略，强调和增加那些能增加积极结果可能性的资源；过程聚焦策略，即为了利用现有资源管理已出现的风险因素而调动自身适应系统的能量。

四、积极组织行为学视野下的员工"积极性"管理

（一）意义、概念

员工积极性主要是指员工工作行为方面的心理动力问题。心理动力越大，员工积极性

就越高；反之，则积极性就低。对企业而言，在组织管理实践中，管理者经常相应地采取消极被动的方式来"挤压"员工的积极性。实际上，单靠增大工作压力"压"出来的积极性是不会长久的，而其负面影响更会让企业付出不可小觑的代价。积极组织行为学的兴起则为提升员工积极性提供了一种新的研究思路和方法。

积极组织行为学是在积极心理学运动的基础上产生的。积极组织行为学不仅仅是将传统组织行为学的研究领域和概念简单地从消极面转成积极面，而且更关注人的积极心理能力的驱动与开发。其概念主要有自我效能感、希望、乐观、主观幸福感、恢复力等。自我效能感、主观幸福感、恢复力是三个重要的概念。

1. 自我效能感是个体对实现特定目标的推测与判断

这一概念最早由班杜拉提出，根据其理论观点，当人们相信自己有能力达到某一行为活动理想的目标，并能控制不理想结果的发生时，人们就会产生自我效能感，就会有行动的动机，就算遇到困难或尝试失败也不轻言放弃。

2. 主观幸福感是个体对自我生活的情感性和认知性的评价

决定个体是否幸福与个体的自我体验有关。在人们越来越注重追求美好的生活这一社会大趋势下，人们的主观幸福感也将会日益受到重视。较高主观幸福感的员工更能因其积极的情感和认知而提升工作绩效，降低缺勤率和离职率，且会伴随较多的组织公民行为。

3. 恢复力是个体应对困难和适应环境的能力

较高恢复力的人不仅不会被挫折击倒，而且还会在挫折和困难中茁壮成长，并且在恢复的过程中实现生命的意义和价值。人类自身从小到大学习积累的许多积极品质都会影响恢复力的大小，而恢复力的提高意味着成长、健康和幸福。

（二）对员工积极性的管理启示与措施

1. 增强员工的自我效能感，提高其工作积极性

在日常的管理实践中，自我效能感低则会导致员工对自己缺乏应有的自信而做出消极的选择，难以产生积极的行为动机，处处逃避，无法积极主动地工作。因此，在管理实践中，管理者应该想尽方法去培养、保持员工的自我效能感，以提高员工的工作积极性。具体措施包括：①在日常管理工作中，注意培养员工的自我效能感，鼓励其工作积极性。在给员工指派任务时，尽可能全面地给其提供有关任务特点、任务复杂程度及任务环境等的信息，并在员工实施任务的过程中，和其探讨或指导其如何更好地控制那些因素。②为员工设置阶段性目标，并及时反馈与强化。在管理实践活动中，为员工制定难度适宜的阶段

性目标，以让其获得自我的实现和一次次的成功。借此鼓励员工向新的、更高的目标迈进，从而实现自己的目标，也相应地完成企业的目标。③系统的培训。在培训过程中帮助员工了解完成任务所需的知识技能，让其反省自己的优势与不足。另外，通过培训改变员工不恰当的归因方式，提高其工作动机水平，进而直接提高员工的工作绩效。

2. 激起员工希望，激发其工作积极性

在管理实践中，管理者应该让员工看到自己在组织中的目标，激发员工的工作积极性：①提出远大且现实的组织愿景。一个远大的组织意愿能让员工对组织产生认同感，对组织的前途充满信心，从而对自己在组织中的发展也充满信心，进而激起希望，提高工作积极性。组织意愿的实现有助于提高员工的自我主观幸福感，从而使员工对组织充满希望和忠诚。②多用鼓励，创设支持性的工作环境。要善于多用鼓舞的言语来振奋员工的斗志，鼓励其积极进取，增强员工对组织的心理承诺，为其创造"大显身手"的机会，减少离职率。③做好职业生涯规划。让员工对自己在组织中的未来发展有一个清晰的认识，向自己未来的目标步步前进，使员工在希望中不断成长，从而提高其工作积极性。

3. 培养员工的乐观性，引发其工作积极性

乐观是一种在自我效能感和主观幸福感基础上产生的愉悦情绪，是经过韧性磨炼的积极因素。它能够对生理与心理健康、成就动机等产生积极的影响，而这些因素又在很大程度上影响着事业的成功，使员工在遇到困难和挫折时不容易悲观放弃。鉴于此，管理人员可以通过培养员工的乐观性来提高其工作积极性：①让员工在快乐中工作，提高其工作积极性。领导对员工做得好的方面多一些表扬的肯定性言语，让员工低沉的心情因受到领导的表扬与鼓励而乐观起来，以积极的精神和姿态投入工作。②营造和谐的组织氛围和良好的人际关系。组织要创造一种让员工赏心悦目的心态环境，以激人进取。

4. 提升员工的主观幸福感，增强其工作积极性

较高主观幸福感的员工更能因其积极的情感和认知而提升工作绩效，降低缺勤率和离职率。已有大量研究发现主观幸福感对工作满意度有较好的预测效果，它对于留住高绩效员工具有重要的意义。关于主观幸福感的提升管理者应该做到：①满足员工的切实需要，让员工感觉到组织的温暖和关心，其主观幸福感得到提升，从而增强归属感和组织承诺，进而增强其工作积极性。②增强员工的支持系统。员工的人际关系支持、家庭支持和组织支持都会较大程度地提高员工的主观幸福感，从而影响其工作积极性。

5. 增进员工恢复力, 保持其工作积极性

在实际的管理活动中可以采取: ①做好员工援助计划。在员工遭遇重大打击等情况而无法安心工作时, 组织按照员工援助计划应尽快使员工恢复, 以保持其工作积极性。②做好员工的心理咨询。企业在有条件的情况下应设立心理咨询机构, 及时疏导员工的心结, 在咨询师的指导与帮助下增进自己的恢复力, 从而能够尽快回到工作中去, 保持原有的积极性。③加强员工的自我恢复力的培训。组织不失时机地组织员工进行恢复力的培训, 能够让员工自己恢复起来, 保持其工作积极性。

目前, 企业管理者对员工积极性的认识还比较混乱, 没有形成较为成熟的理论体系。在实践层面, 大部分的企业和组织管理者过多地关注个体的负性品质, 员工内在的积极性没有真正地被调动起来。本小节探讨了积极组织行为学视野下的员工积极性研究, 是在已有研究的基础上尝试了一种积极的取向。结果表明, 在积极组织行为学的积极理念下, 管理者采取一系列针对员工积极心理品质和能力的开发措施, 将极大地提高员工积极性。希望在以后的管理实践中, 组织能够采取以积极性为导向的管理方法, 管理者能够多从正面看待员工, 真正将员工的积极品质与能力视为一种重要的资源, 这将会有力地提高员工的工作积极性。

积极组织行为学提出积极组织行为研究的重要性和价值, 力求在已有研究的基础上增加一种积极定向的研究取向, 提倡一种以优势、积极性为导向的管理方法, 要求组织确立一种高度重视积极心理能力的全新管理理念。管理者应当真正将员工的积极品质视为最重要的财富, 员工会因此而感到被信任和受重视, 进而充分发挥自己的才能和优势。

五、积极组织行为学在人力资源管理中的作用

积极组织行为学在人力资源管理和组织行为学研究领域中, 是一种新的研究取向, 其发展是建立在传统组织行为学消极研究取向基础之上的, 强调对组织内个体的积极心理变量和人力资源优势的开发和应用。通常研究的积极组织行为学的心理变量包括自我效能感、希望、乐观、恢复力及主观幸福感等。这些心理变量具有积极性、可测量性、独特性和发展性的特点, 最重要的是具有可用于提高绩效的特征。

(一) 积极组织行为学的心理变量及其积极作用

1. 自我效能感

自我效能感最早源自班杜拉的社会学习理论。自我效能感是个体对自己持有一种能力

的信念，这种能力使个体能唤醒必需的动机、认知资源去为成功地完成某项任务而努力。通常情况下人们喜欢对自己的能力进行评估。对自己能力的信心有多大，决定了人们在面对特定情境中的任务时所做的决定和接下来的行动，以及在面对困难挫折时的态度，采取何种行动和在多大程度上坚持下去。需要注意的是，这种对自己是否有完成特定情境下任务的能力的预期并不完全与个体本身的能力或资源相关，真正相关的是个体对自己能力运用的知觉。班杜拉特别强调在对个体的自我产生影响的心理机制中，最深远、最重要的就是自我效能感。自我效能感的影响因素主要包括个体拥有的成败经验、他人的经验或榜样作用、言语劝说、生理和心理唤醒。其中个体所拥有的成败经验是最大的影响因素。若个体把自己的成功归因于内在的稳定的因素，个体就能获得较高的自我效能感。此外，生活和工作中的事情繁多，个体并不是也不可能每种事情都经历过，而后才能形成对自己能力的判断。个体形成自我效能的另一个途径是观察他人的成败经验，并且被观察的他人与自己的条件越接近、遇到的事情越相似，对个体形成自我效能感的影响就越大。言语劝说又被称为人际说服，它对自我效能感的影响大小取决于它有多客观真诚，当个体在工作中感到举步维艰或者恐惧退缩时，言语劝说能够帮助个体获得支持鼓励，增强克服困难的信心，从而建立良好的自我效能感。个体生理和心理唤醒对形成自我效能感的影响表现在，如果个体在面临工作任务时感到疲倦、心情焦虑，就会降低个体的自我效能感。所以个体在面临工作任务时要努力做到生理和心理上的适应。

2. 希望

希望是一种积极的心理机能，个体相信自己有能力追求奋斗目标，制定奋斗方法并为实现预设目标而坚持努力。可以看出，希望既包含个体的意志力，又包含个体为实现目标所持有的方法。大量的研究表明，希望能提高个体应对学业、情绪、疾病等艰难复杂状况的能力。

3. 乐观

具有乐观特征的个体喜欢对事情的结果抱有积极的预期，或对事情的结果做积极的因果归因。研究表明，乐观的成就取向、健康、坚韧等特点，可促进个体身心健康地发展，并有助于个体在学习、工作、人际交往等活动中获得成功。需要强调的是，尽管乐观主义具有积极特性，能提高工作组织的绩效，英国财务监督委员会（POB），即组织和个体应根据客观实际情况设定工作目标并为之努力，才能从不断取得的成绩中获得更大的工作动力。

4. 恢复力

恢复力是一种恢复或回弹能力，它既包括从逆境、冲突、失败的情况下恢复的能力，又包括从成功、进步的情况下恢复的能力。具有更强恢复力的个体更容易摆脱困境，因为他们具有坚定的信念，具有积极的自我认知和自我调适能力，能利用促进产生积极结果的各种资源。

影响恢复力的因素涵盖许多人类积极的心理能力，诸如上述的自我效能感、希望、乐观以及责任心、成就动机、解决问题的能力等。心理学家把影响和提高恢复力的因素概括为，个体拥有的资产、风险因素和个体的调适过程。

5. 主观幸福感

主观幸福感，简称"SWB"，是指个体对自己的生活质量所进行的情感上和认知上的评价。在生活中，人们总是倾向于对自身、生活中发生的事情、生活的环境等进行评价。也正是这些评价，导致了人们的情绪反应，对自己的生活做出满意评价的人往往会感觉到幸福。由此可见，主观幸福感是个体主观的概念，决定一个人是否有幸福感，不一定是实际发生什么，关键是人们对自己的生活如何认知及持有怎样的情绪。

SWB 由两部分构成，它们是情感平衡和生活满意度。情感平衡是指个体对自己的生活进行总体评价时所体会到的大部分是积极的情绪体验，而不是消极的情绪体验。能够更有力地衡量 SWB 的指标是生活满意度，它是人们对自己的生活状态所做的整体性认知。研究发现，生活满意度高的人更容易获得较高的工作满意度。

（二）积极组织行为学在人力资源管理中的应用

1. 自我效能感的应用

（1）人员选拔

研究证明，高自我效能感和高绩效有显著的正相关，而且对高绩效的预测，高自我效能感的预测力也很强。这是因为高自我效能感的个体预期自己成功而获得积极的激励，以接纳的态度全力以赴投入工作中，给自己设定较高的目标，为追求达到目标设计工作计划并为之不懈努力。在遇到困难挫折时，高自我效能感的个体能够保持积极乐观的心态，对困境有积极的看法。相反，低自我效能感的个体通常会预期失败，认为自己没有能力完成某项任务，在执行工作任务时消极被动、遇到困难障碍时容易退缩。因此，人力资源部门在招聘选拔时，评估应聘者的自我效能感就很有价值。当然，自我效能感的评价不是人员选拔的唯一标准，还要综合考虑其他影响因素。

（2）培训与开发

自我效能感的特质之一是可发展性。人力资源管理人员可以根据企业的实际需要，有针对性地设计实施有效的员工自我效能感培训计划，提高员工的自我效能感，最终达到提高员工绩效的目的。

（3）工作设计

组织管理者在工作设计时，要考虑到工作特征对自我效能感的影响。事实上，在设计工作时，已经有很多企业成功地运用这一有效的管理思维和方法，通过鼓励工作丰富化，提供更有挑战性的任务，加大授权力度等途径提高员工满意度和对企业的承诺。

（4）目标设置

目标设置就是通过制定有意义的和能实现的绩效目标激励员工。相关研究结果表明，目标的实现与员工的自我效能感呈正相关。一方面，自我效能感高的员工更可能实现设定目标。高自我效能感的员工往往会倾向于设定更有挑战性的个人目标，并且用更多的承诺实现目标。一旦目标得以确定，高自我效能感的员工就会全力以赴、坚持不懈，遇到困难时会想出更多的解决方法；另一方面，设置的目标若最终得以实现，也能在很大程度上提高员工的自我效能感。但需要强调的是，企业在制定绩效目标时一定要让其员工充分参与，根据员工对自我效能感的评估制定适合的、可被员工接受的绩效目标，而不要盲目追求高绩效。因为可实现的目标可以增强员工的自我效能感，但如果设定目标是强加的、无法实现的，就会大大降低员工的自我效能感和绩效。在管理实践中，企业通常将绩效目标通过关键绩效指标（Key Performance Indicator，KPI）进行量化，设定 KPI 的分层目标，明确具体任务，并解析完成任务的方法途径，帮助员工最终实现任务目标，激发员工的自我效能感。

2. 希望的应用

（1）人员选拔

实证研究表明，希望水平高的员工有更积极的认知水平，能更快地适应工作任务和变化的工作环境，易于与他人建立良好的工作关系，面对困境的时候焦虑水平低，因此满怀希望的员工有相对高的工作满意度，对工作组织有高忠诚度，可创造出更多的价值，给组织带来更大的收益。

此外，组织管理者的希望水平与其所带团队的绩效、团队成员的满意度呈显著的正相关。

因此在人力资源的招聘选拔中，希望起着重要作用，尤其对从事压力较大的工作更为重要。

（2）培训与开发

在人力资源管理中，对员工希望的培训和开发的主要策略为：人才的最优配置，根据员工的特长，配置其工作岗位和具体的工作职责；搭建支持性的工作平台，增强员工对工作任务的胜任力；帮助员工学习积极的归因方式，在遇到困境时保持冷静乐观；训练员工科学的思维方式；构建友好互助的企业文化，让员工更多地感受到来自企业的社会支持，增强员工的团体归属感。

3. 乐观的应用

（1）绩效预测

实证研究表明，对事情糟糕结果的解释，乐观主义者往往做外归因。即乐观主义者会认为之所以事情结果是不理想的、糟糕的，并不是自己的问题，这种糟糕的结果只是偶然现象并且是暂时的，是可以通过努力改变的。与悲观主义者相比，乐观主义者有更高的自我效能，更容易克服工作中遇到的困难障碍，更容易受到激励去努力工作。因此乐观主义对绩效有很好的预测力。

（2）人员选拔

乐观对工作表现有很好的预测力，所以在实际人力资源管理中，乐观会被用于人员的招聘选拔上。对一些压力较大工作岗位的人员选拔，乐观的应用尤其必要，如销售、客服等。

（3）领导领域

在领导理论中，乐观的重要性已经得到一致认可。一项关于企业领导者的研究发现，平均而言，领导者比非领导者有更高的乐观主义水平。领导者越乐观，其下属也就会越乐观。能够有效推动企业变革的往往是那些具有乐观主义的领导者。

（4）乐观的培训与开发

乐观主义者的归因风格是外归因，这在一定程度上决定了乐观主义可被培训开发的特点。在人力资源管理中，通常用于培训开发乐观的方法有：培训员工用积极的心态面对工作生活，把对未来的不确定视为生活给予自己的锻炼磨砺的机会；学会接纳工作生活中的障碍、失败，不强求完美、不钻牛角尖；培训员工看到自己拥有的成绩和进步，要看到"半满的杯子"，而不是把目光局限于"半空的杯子"上面等。

4. 恢复力的应用

恢复力作为一种积极的力量，是员工、管理者及组织本身应对压力、冲突及诸多不确定因素时所不可或缺的心理能力。人力资源管理人员对于恢复力的开发，往往会针对影响恢复力的三个因素做出策略，如针对资产因素的资产聚焦策略，培训员工积累可能产生积极结果的资产，如通过教育、培训、经营社会关系、增加可动用的资源，从而提高恢复力；针对风险因素的风险聚焦策略，培训员工学会规避或削弱可能带来消极结果的风险来源，如通过合理的生理和心理保健可以控制风险因素；针对调适过程的过程聚焦策略，培训员工借助积极的心理能力增强调适过程。另有研究表明，恢复力作为积极组织行为学的一种变量，可能会成为发展个体和组织绩效最有潜力的影响因素。

5. 主观幸福感的应用

因为主观幸福感能很好地预测员工的工作满意度，但工作满意度并不能反过来预测员工的主观幸福感，所以在人力资源管理中，为提高员工的工作生活质量，仅实施方法提高工作满意度而不考虑员工工作以外的家庭生活和其他业余活动，并不能使员工满意。

在管理实践中，企业提高员工的主观幸福感主要表现在改善员工的工作生活质量上，具体措施有：使员工的劳动报酬具有充分性和公平性；提供安全并有利于健康的工作环境；创造和谐的人际氛围，满足员工社会归属的需求；制定明确而清晰的工作制度，包括工作时间、工作性质及内容；提供有利于员工成长的工作任务；帮助员工做出科学的职业生涯规划；合理授权；在安排工作时，使工作能与其家庭生活和其他的业余活动尽可能实现有机平衡。

第三节　积极组织行为学的新视角——心理资本

一、心理资本概述

（一）心理资本研究的理论类型

这里结合不同角度的对心理资本的研究，将心理资本相关理论概括为以下三种类型。

第一，状态论。研究者把心理资本视为复杂、多样的心理状态集合，当然这种心理状态集合中包括的积极性因素占较大比例，在整体作用上也呈现出对工作效果有利的影响，能够产生较高的工作绩效。进一步说，心理资本针对员工个人的反应，突出了员工个人在生活、工作、交际等活动中的感知、信念和态度，企业人力资源管理部门可以将其视为以后能够带来优质的工作、高效工作绩效和良好管理互动的心理状态。这种心理状态所产生的作用，远远超过了经济投入产生的优势。

第二，特质论。这一理论首先肯定的是每个个体都有自身独一无二的特点，并在成长的过程中形成了独一无二的人格特质。特质的形成包括先天和后天两方面的作用，这一理论的研究者认为，后天作用可以开发出较为稳定的心理要素，并实现与心理资本需求相对应的效果。换言之，特质论所提出的心理资本，指的就是影响个体行为的某一种人格特质。

第三，综合论。很显然，状态论本身肯定了心理状态，而特质论则肯定了人格特质，综合论认为心理资本同时具备这两方面的内容，并进一步研究提出状态论的可开发性和特质论的稳定应用性。

（二）心理资本的概念界定

在明确了心理资本的构成要素后，美国尼勒拉斯加大学教授，经济管理系权变学派的主要代表人物卢桑斯等人给出了心理资本的定义：个体一般积极性的核心心理要素，具体表现为符合积极组织行为标准的心理状态，它超出了人力资本和社会资本之和，并能够通过有针对性的投入和开发而使个体获得竞争优势。

之后卢桑斯等人又对此定义做了修订，认为心理资本是个体积极心理的发展状态，具有以下特征：第一，拥有自信或自我效能感，在承担具有挑战性的任务时能够做出必要的努力；第二，乐观，对现在或未来的成功有积极的归因；第三，充满希望，一直坚持目标，在必要时重新选择途径来获取胜利；第四，非常坚强，能够自我恢复，在受挫或遇到困难时坚持，甚至取得成功。

二、心理资本与企业人力资源管理创新

随着社会经济的不断发展以及全球经济的大爆炸，我国的国际化水平越来越高，企业所面临的市场竞争也越来越激烈，而市场的竞争也正是人才的竞争，如何才能留住人才，调动起他们的工作积极性，使其发挥出最大的效用，成为各大企业所面临的共同问题。一直以来，在各大企业人力资源管理中，薪酬管理对企业员工的工作绩效起着举足轻重的作用。但因为现代人的精神境界的提升，他们所要求的已经不仅仅是钱，这就给管理者提出了更高层次的要求。所以他们要了解企业，更要了解企业的员工，这样才能真正地让员工成为企业发展中的主流。

（一）对心理资本的认识

在企业发展的道路上不可缺少的资本有：人力资本、社会资本、经济资本以及心理资本。心理资本不同于其他三个资本，它所描述的是企业员工的一种精神，一种乐观向上、积极进取、自信自强、坚忍不拔，永远像向日葵一样充满着阳光心态的精神。随着我国经

济的突飞猛进，各大企业的高管们也清醒地意识到，一味地增强企业的经济资本、增加社会人脉、提高员工的生产技能，只能做到让企业稳定前进；而只有对员工的心理资本进行开发，才是促进企业快速发展、员工健康成长的正道。而员工的这种积极的精神状态受到传统人力资源管理的制约，所以企业要想在激烈的市场竞争中脱颖而出，就必须让人力资源管理模式顺应时代发展的需求，只有这样才能保证企业在未来的竞争中获胜。

（二）对心理资本的研究与分析

1. 心理资本的概念解释

对于心理资本的概念一直存在着三方面的解释：人品特质论、精神状态论和二者的综合论。

（1）人品特质论

主要是指人们个性中的一种品质倾向、自我控制能力、情感交流水平，以及心理状态的稳定度。这种心理资本是以人们内在的特质为基础而存在的，简单地说它指的就是人格。

（2）精神状态论

这种理论比较单纯，它所认为的心理资本就是一种积极向上的心理状态。

这是一种特有的人力资源，它能使个体产生较高的工作效益，创造更大的经济财富。

（3）综合论

它是上面两种理论的综合版，它认为心理资本不仅具有人品特质，更要有精神素养，应该是两者的和谐统一，因为人的特质具有相对的稳定性，而人的状态又是可以通过一定的外界刺激而进行改变和开发的。这种观点也是人力资源管理开发研究的一种趋势。

2. 心理资本具有的特性

心理资本是指一个个体在一定的时期里所表现出来的积极的心理状态，它已经超越了人力资本、社会资本和经济资本，成为人力资源管理中的核心要素。其特点如下：①心理资本所强调的是人体的力量及积极性，并不是纠正错误，它属于积极心理学。比如，在一个企业里所反映出来的是企业员工的优点、长处，而不是他们的缺点和短处，更不是要抓住员工的"小辫子"。②心理资本是以积极组织行为学理论为标准的。③心理资本源于人力资本和社会资本，更是人力资本和社会资本的升级，位于二者之上。④心理资本可以通过一定的方法和手段，挖掘潜力，并进行开发和投资，使企业更具有竞争力，所以说心理资本具有收益和投资的特性。

（三）心理资本在人力资源管理中的重要性

随着时代的变迁、科技的发展，企业人力资源部的招聘策略也在不断地更新和改变，一些重要的岗位除了要求丰富的经验、较高的学历以外，更注重个人的心理资本。这就改变了传统的竞聘上岗、选拔上岗等招聘模式，为企业的发展创造了新的生机，而且在人力资源培训和考核中，心理资本更发挥出它独特的魅力，调动了员工的生产积极性，提高了他们的向心力、凝聚力，使员工拥有良好的工作心态。另外，心理资本的培养还使企业员工拥有了明确的目标，时刻充满着希望，在工作中发挥着主人翁的精神，为企业做出更大的贡献。所以心理资本在人力资源管理中起着至关重要的作用，它是企业最具价值的核心竞争力，使企业在激烈的市场竞争中获胜。

（四）基于心理资本的人力资源管理的优势

1. 有利于人力资源管理的团队建设

现代化的企业所需要的不是只会蛮干的团队，而是知识型与创造型相结合的团队。这样的团队建设是需要人力资源部根据每个人的不同特点去进行开发的，对于不同性格、脾气的人要用不同的方法与策略，这就要求团队具有和谐的气氛、融洽的相处方式、成员之间相互的鼓励。这些正是心理资本所具有的，它能让企业员工具有自信、希望与乐观的品质，能让大家融为一体，共同建设成社会形势发展所需要的新型团队。

2. 有利于人力资源管理的技术开发

人力资源技术的开发需要各个企业员工之间的相互协作，大家必须能为同一个目标而去奋斗，并能结合自身的实际情况，对其理论进行研究和分析。利用好员工们的心理资源，关注他们的心态变化，形成一个乐观向上、积极奋进的氛围，为人力资源管理的技术开发工作做好坚实的后盾。

3. 有利于人力资源管理各要素的开发

企业的管理者可以通过心理资本对员工进行四要素的开发，比如为了增强员工的自信心可以把复杂的任务简单化，长期的工作分期做，还可以树立标杆，让他们从工作中看到希望，在成功的过程中得到磨炼，用一颗乐观、包容的心去迎接未来。

（五）心理资本在人力资源管理中的应用

1. 在管理工作中的应用

目前企业所面临的市场竞争其实就是人才的竞争，而人才竞争的关键是心理资本的竞争。也就是说，哪个企业能有效地开发并利用好员工的心理资本，哪个企业就能抓住员工的心，就会在竞争中取得最后的胜利。所以目前企业要做的就是结合企业的各项制度，使员工与企业之间产生互动，想方设法去提升员工们的心理资本水平，获得更有利的市场竞争优势。比如传统的人力资源管理在对企业职位划分或任职要求上都是以资历丰富、经验老到、学历高深，专业扎实为基础的，而作为心理资本中的积极心理状态却未被纳入评选及划分的范畴中，这就很容易导致各个岗位、各个层次的人员在工作上没有主动性和积极性，影响企业的发展。

2. 在人员招聘中的应用

心理资本在人员招聘中的应用可以说是企业所招聘员工质量的根本保证。人力资源管理者可以制作一份心理资本测评表，然后再针对各个员工的特点，对其进行心理资本的培训与开发，在对他们进行岗位的划分及安排时，一定要根据其心理资本状况进行合理的岗位配置。

3. 在培训学习中的应用

大多数企业的培训学习所注重的都是岗位操作规程、安全知识及专业技能等的学习。企业管理者认为这样的培训可以帮助企业提高生产力，增加效益，但这样传统的培训学习往往收不到预计的效果，只能流于形式，是一种劳而无功的瞎忙。而在对心理资本进行长期的实践研究中发现，只有对员工进行心理资本的培训与学习，才能使企业真正获得收益，因为员工的积极心态、凝聚力、向心力以及乐观向上的工作态度是可以通过培训来提升的，也是可以通过一些策略、方法和手段等干预措施进行改善和提高的。它虽然不同于其他的专业培训，但它是可以为企业发展做出重大贡献的。

4. 在绩效管理中的应用

各个企业绩效管理的实施及应用一般都分四个阶段：计划、执行、评估、反馈和应用。基于心理资本的绩效管理可以在绩效管理的各个阶段对员工的心理状态进行鼓励和提升。首先，对于绩效的设计与制定必须考虑企业员工的精神状态及心理承受能力；其次，绩效的执行是个非常关键的阶段，一定要做好适时跟踪，与员工进行交流与沟通，帮员工解决绩效实施中的一切困难，增强员工的自信心；再次，绩效的评估一定要客观、要实事求是、要公平合理，避免影响部分员工的情绪，带来负面作用；最后，绩效的反馈和应用要根据企业员工的各项需求，把晋升、加薪等与员工切身利益相关的事项都与绩效管理挂钩，让员工看到希望，工作的热情得到激发。

（1）心理资本与职位分析

职位分析是企业人力资源管理的一项基础性工作，它在整个人力资源管理职能中占有非常重要的地位。通过职位分析可以有效解决两个问题：一是可以获取有关工作方面的信息，诸如工作标识、工作职责、工作环境和工作条件等一系列内容；二是可以获取有关人员方面的信息，即该工作岗位的任职要求，包括行为举止、知识结构、能力水平和个性特征等内容。

心理资本与职位分析的关系主要体现在任职要求上。传统任职要求注重个体的知识、经验与技能等素质，未能把有关个体积极心理状态的素质要求纳入其中。基于心理资本的职位分析应该尽力挖掘工作岗位所需要的积极心理状态素质，并予以分级量化。

（2）心理资本与招募甄选

招募甄选是人力资源管理中一项非常重要的工作，特别是在人才竞争日趋激烈的今天，能否及时有效地获取企业所需要的人才是决定企业成败的关键。心理资本与招募甄选的关系主要体现在人员的选拔与配置上。传统的招募甄选对员工心理资本的处理有两种方式：一是完全没有注意和重视员工的心理资本，在选拔过程中主要关注员工的知识、技能是否符合岗位的要求；二是缺乏有效测量员工心理资本的技术手段或方法。

基于心理资本的招募甄选，首先，要开发信度和效度均符合要求的心理资本测评量表；其次，要对招募人员进行心理资本甄别培训；最后，要注意心理资本与岗位的匹配。目前，对于心理资本的测量方式主要有三种。一是自我报告法，即通过编制心理资本测量表对员工进行施测，例如，卢桑斯等人编制了一份24个条目的心理资本测量问卷，并在学术研究领域得到了大量的借鉴。但是，运用到招聘甄选中，这种测量方式可能存在严重的社会赞许效应。二是专家观察法，即请有关专家通过观察员工的日常活动来评价其所具备的心理资本状况。三是效果变量间接测量法，根据已有的研究成果，对员工的效果变量进行施测，由此推测员工的心理资本的状况。另外，实验法也是测量员工心理资本状况的非常好的方法。人才测评专家通过设置合理的实验情景（与真实工作情景一致），让被试者处于情景中，然后观察其行为表现，据此推测员工的心理资本水平。

（3）心理资本与培训开发

培训开发是人力资源实现增值的重要途径，其最终的目的是改善员工的工作业绩并最终提升企业的整体绩效。传统意义上的培训开发关注的是员工的短期效益，集中体现在对员工知识与技能方面的培训。由于对绩效起关键作用的不是诸如知识技能等门槛素质，而是诸如自信、乐观等积极的心理状态。因此，传统的培训开发工作经常忙而无效。

基于心理资本的培训开发，首先，要认识到心理资本是可以通过培训而提高的，但培训开发的效率和效果是不同于一般的知识技能的。与一些难以改变的人格特质（如气质）相比，心理资本并非遗传、难以改变，而是可以通过具体措施得以改善和提高的。然而，与知识技能相比，心理资本的培训开发不像前者那样直接和快速，并能收到立竿见影的效果，往往呈现出培训周期较长，发挥作用缓慢，但影响力度较深的特点。其次，要开发具体的心理资本干预措施。心理资本的培训开发与一般的知识技能的培训开发是有差异的，不能直接套用后者的具体措施。卢桑斯提出的心理资本干预模型，可以作为心理资本培训开发的范本。

（4）心理资本与绩效管理

绩效管理是人力资源管理实践的关键环节之一，是由绩效计划、绩效沟通与辅导、绩效评估和绩效反馈四个部分组成的一个完整的体系。基于心理资本的绩效管理应该有助于保持和提升员工的积极心理状态。

基于以上观点，第一，绩效计划的制订要考虑到员工的积极心理状态。一般而言，设置的工作目标应该是比较具体的，并具有一定的挑战性且可以测量和评价，使得员工在绩效的起步阶段就树立信心，对未来充满希望。第二，绩效执行阶段，管理者应与员工定期沟通，为员工扫除目标道路上的障碍，从而稳定员工积极的心理状态。第三，绩效评估阶段，管理者对绩效结果的评价首先要确保公平，避免员工负面情绪的出现；其次要引导员工对绩效结果形成良好的归因，如把成功归于自己的能力和努力等内因，把不足归于环境和任务等外因，从而激发和保持长期的自信和乐观。第四，绩效结果反馈和应用阶段，要把职业晋升、薪酬和价值分配等与绩效考核结果挂钩，要使员工清楚认识目前的绩效状况，并帮助其进一步改善提高，从而确保员工的希望不被浇灭，工作激情节节高升。

（5）心理资本与报酬管理

报酬是指员工从企业那里获得的、作为个人贡献回报的、认为有价值的各种东西，一般可以分为内在报酬（工作本身所获得的心理满足和心理收入）和外在报酬（员工获得各种货币性收入和实物）。

基于心理资本的报酬管理可以从以下两方面入手：第一，进行有效的工作设计，例如工作丰富化和工作扩大化等给员工带来心理满足感，从而塑造员工的心理资本；第二，增加心理资本作为报酬评价要素。一般而言，报酬要素主要包括工作责任、工作技能、努力程度和工作条件等方面。考虑到心理资本的作用，在确定报酬要素时，也可把心理资本作为重要的评价指标。

第七章

大数据背景下的人力资源管理模式创新

第一节　大数据及其应用功能

一、大数据的定义

随着社会化网络的兴起以及云计算、移动互联网和物联网等新一代信息技术的广泛应用，全球数据量呈现出前所未有的爆发增长态势。大数据带来的信息风暴正在逐渐改变我们的生活环境、工作习惯和思维方式。我们看到在商业、经济、医药卫生及其他领域中决策正日益基于数据和分析而做出，而并非仅仅基于经验和直觉。大数据是近年来科学研究的核心所在，其已成为信息时代新阶段的标志，是大型信息系统和互联网的产物，是实现创新驱动发展战略的重要机遇。大数据的发展与应用，将对社会的组织结构、国家治理模式、企业的决策机构、商业的业务策略以及个人的生活方式产生深刻的影响。

大数据通过海量数据来发现事物之间的相互关系，通过数据挖掘从海量数据中寻找蕴藏其中的数据规律，并利用数据之间的相互关系来解释过去、预测未来，从而实现新的数据规律对传统因果规律的补充。大数据能预测未来，但作为认识论主体意向方的人类只关注预测的结果，而忽视了预测的解释，这就造成预测能力强、解释能力弱的局面。

大数据模型和统计建模有本质的区别。就科学研究中的地位来说，统计建模经常是经验研究和理论研究的配角和检验者；而在大数据的科学研究中，数据模型就是主角，模型承担了科学理论的角色。就数据类型来说，统计建模的数据通常是精心设计的实验数据，具有较高的质量；而大数据中则是海量数据，往往类型繁多，质量参差不齐。就确立模型的过程来说，统计建模的模型是根据研究问题而确定的，目标变量预先已经确定好；大数据中的模型则是通过海量数据确定的，且部分情况下目标变量并不明确。就建模驱动不同来说，统计建模是验证驱动，强调的是先有设计再通过数据验证设计模型的合理性；而大数据模型是数据驱动，强调的是建模过程以及模型的可更新性。

大数据思维是指一种意识，认为公开的数据一旦处理得当就能为千百万人亟须解决的问题提供答案。量化思维：大数据是直觉主义到量化思维的变革，在大数据量化思维中一切皆是可量化的，大数据技术通过智能终端、物联网、云计算等技术手段来"量化世界"，从而将自然、社会、人类的一切状态、行为都记录并存储下来，形成与物理足迹相对应的数据足迹。全局思维：是指大数据关注全数据样本，大数据研究的对象是所有样本，而非抽样数据，关注样本中的主流，而非个别，这表征大数据的全局和大局思维。开放共享、数据分享、信息公开在分享资源的同时，也在释放善意，取得互信，在数据交换的基础上产生合作，这将打破传统封闭与垄断，形成开放、共享、包容、合作思维。大数据不仅关注数据的因果关系，更多的是相关性，提高数据采集频度，而放宽了数据的精确度，容错率提高，用概率看待问题，使人们的包容思维得以强化。关联思维、轨迹思维：每一天，我们的身后都拖着一条由个人信息组成的长长的"尾巴"。我们点击网页、切换电视频道、驾车穿过自动收费站、用信用卡购物、使用手机等过去完全被忽略的信息都通过各种方式被数据化地记录下来，全程实时追踪数据轨迹，管理数据生命周期，保证可靠的数据源头、畅通的数据传递、精准的数据分析、友好可读的数据呈现。预测思维：预测既是大数据的核心，也是大数据的目标。

从技术上理解，大数据是一次技术革新，对大数据的整合、存储、挖掘、检索、决策生成都是传统的数据处理技术无法顺利完成的，新技术的发展和成熟加速了大数据时代的来临，如果将数据比作肉体，那技术就是灵魂。大数据时代，数据、技术、思维三足鼎立。《大数据时代》作者维克托认为，大数据使我们真正拥有了决定性的价值资源，它是新的黄金。这里值得注意的是，大数据的意义不在于掌握海量的数据，而是通过数据挖掘等手段对其进行专业的分析来实现数据的"增值"。

大数据可分成大数据技术、大数据工程、大数据科学和大数据应用等领域。目前人们谈论最多的是大数据技术和大数据应用。工程和科学问题尚未被重视。大数据工程指大数据的规划建设、运营管理的系统工程；大数据科学关注大数据网络发展和运营过程中发现和验证大数据的规律，及其与自然和社会活动之间的关系。

物联网、云计算、移动互联网、车联网、手机、平板电脑、PC 以及遍布地球各个角落的各种各样的传感器，无一不是数据来源或者承载的方式。

核心价值在于对于海量数据进行存储和分析。相比现有的其他技术而言，大数据的"廉价、迅速、优化"这三方面的综合成本是最优的。大数据必将是一场新的技术信息革命，我们有理由相信未来人类的生活、工作也将随大数据革命而产生革命性的变化。

二、大数据的特点

数据分析需要从纷繁复杂的数据中发现规律并提取新的知识，是大数据价值挖掘的关键。经过数据的计算和处理，所得的数据便成为数据分析的原始数据，根据所需数据的应用需求对数据进行进一步的处理和分析，最终找到数据内部隐藏的规律或者知识，从而体现数据的真正价值。大数据的分析技术必须紧密围绕大数据的特点开展，只有这样才能确保从海量、冗杂的数据中得到有价值的信息。

维克托·迈尔·舍恩伯格及肯尼斯·库克耶编写的《大数据时代》中，大数据一般具有 4V 特点：Volume（大量）、Velocity（高速）、Variety（多样）、Value（价值）。具体来讲，大数据具有如下特点。

（一）数据体量巨大

大数据通常指 10TB（1TB = 1024GB）规模以上的数据量，之所以产生如此巨大的数据量，一是由于各种仪器的使用，使用户能够感知到更多的事物，从而这些事物的部分甚至全部数据就可以被存储下来；二是由于通信工具的使用，使人们能够全时段地联系，机器-机器（M2M）方式的出现，使得交流的数据量成倍增长；三是由于集成电路价格降低，使很多电子设备都拥有了智能模块，因而这些智能模块的使用过程中依赖或产生大量的数据存储。

（二）流动速度快

数据流动速度一般是指数据的获取、存储以及挖掘有效信息的速度。计算机的数据处理规模已从 TB 级上升到 PB 级，数据是快速动态变化的，形成流式数据是大数据的重要特征，数据流动的速度快到难以用传统的系统去处理。

（三）数据种类繁多

随着传感器种类的增多以及智能设备、社交网络等的流行，数据类型也变得更加复杂，不仅包括传统的关系数据类型，也包括以网页、视频、音频、E-mail、文档等形式存在的未加工的、半结构化的和非结构化的数据。

（四）价值密度低

数据量呈指数增长的同时，隐藏在海量数据中的有用信息却没有以相应比例增长，反而使获取有用信息的难度加大。以视频为例，连续的监控过程中，可能有用的数据仅有一两秒。大数据"4V"特征表明其不仅仅是数据海量，对于大数据的分析将更加复杂，更追求速度、更注重实效。

三、数据的收集

大数据时代，要想使用大数据，首先要做的是收集大量数据，但收集数据并非仅把收集过来的数据放到硬盘里面那么简单，更重要的是对数据进行分类、存放及管理。不然就如同一个储藏很多物品的储藏室——放东西进去的时候很轻松，但是要知道哪些东西有用，或者拿出有用的东西的时候就不那么简单了，甚至可能再也找不到。对于数据的认知，完全取决于我们是否拥有认知自己所拥有数据的能力，是否能够筛选出到底什么是核心数据，到底什么数据会被我们频繁地使用。这就要我们学会如何去收集数据。

我们盲目地进行大数据投资，收集越来越多的数据。但是，令人沮丧的是，这些数据却是"死"数据。那么，什么是死数据呢？"死"数据就是单纯存储在数据库中，无法进行分析和使用，并且不能够产生价值的数据。"死"数据不是真死，可以将其激活。那么如何激活这些"死"数据，让整个大数据"活"起来，并成为实践中的牵引力呢？答案就是，收集是第一步，收集后通过甄别，选出有用的数据，将它用起来。

数据的价值在于使用，不是存储。就像储藏室里的物品，假如你不会将其中有用的东西拣选出来使用，你储藏的东西再多也是没有价值的。所以，我们在储藏物品的时候，一是要储藏有使用价值的物品，二是要将其拿出来使用。于是，如何收集物品就成了一门学问。数据的收集和物品的收集有异曲同工之妙。

人们发现，大数据的真正价值是将数据用于形成主动收集数据的良性循环中，以带动更多的数据进入自循环中，并应用于各个行业。什么是数据的自循环呢？

举个最简单的例子来说，现在的很多网站都有推荐功能，很多推荐出来的东西，不论是音乐、视频，还是商品，都可以让用户来选择"喜欢"或者"不喜欢"。这样一来，企业就可以通过用户的选择基于计算机后台的算法为用户重新推荐，这就变成了一个循环——从基于已有的数据进行"分析—推荐—反馈—再推荐"的过程。当然，自循环还远不止这样一种形式。多样的自循环方式打开了大数据之门，而进入这个循环的关键就是，从解决问题出发。在数据的自循环中，有两个核心的关键点：一个是"活"做数据收集，另一个是"活"看数据指标。

比如，多年来，很多企业因无法建立数据收集的循环，致使其运营数据更多地建立在直觉的判断和分析基础之上。当面对周围海量的消费者数据时，充满了危机的大数据更难为企业的运作提供清晰的思路。对数据无从下手成为企业在大数据时代的核心短板。这时，如果没有找出相关的关键解决方法，企业就会在由海量数据构成的新兴市场中错失发展的良机。

（一）"活"做数据收集

所谓"活"做数据收集，就是指用户不要局限于只收集自己用户产生的数据，还要把"别人"的数据收集过来进行综合分析。

前面提到过，数据收集，一方面，是"自己用"——用其他外面的数据来增加自己手上数据的精准度，为我所用；而另一方面，是"给别人用"——把我的数据贡献给很需要我的数据的人，从而提高他的数据的精准度。

在很多年前，亚马逊就主动去收集用户的 IP 地址，然后从 IP 地址破译出用户所处位置的附近多少千米内是否有书店。工作人员从收集到的数据中了解到，一个人是否选择在网上买书，很重要的原因是他的附近有没有书店。亚马逊主动收集数据，即通过收集一个外部数据来帮助自身判断线下是否存在潜在的竞争对手。京东也是这样，他们收集客户浏览商品的数据，然后将相关产品推荐给客户。一个企业在做数据收集的时候，并不总是能够直接收集到所需要的关键数据，这时候就需要变通。

做大数据收集，有时候需要更多的灵活变通。亚马逊的案例的确经典，不知道京东是不是借鉴了他们的做法，因为他们都找到了消费者购买决策链条中的一个关键点。每个人都知道在收集消费者数据时最好是观察直接用户。但如果没有这个数据，你需要观察什么数据？答案就是去观察行业内对这个数据最敏感的那些人，你也能获得成功的密码。

"活"做数据收集，就是要跳出既定思维的框架，从相关联的行业和业务中去收集能够为现在所用的数据，找到能够更好地佐证企业现有业务决策和发展的数据。而"活"做数据收集的一大好处，就是能够规避现有数据框架的弊端，更好地反映用户的实际需求和市场的实际情况。

（二）"活"看数据指标

"活"看数据指标就是指企业不要局限于已有的数据框架，而应该结合用户需求的不同场景来灵活应用收集到的"活"数据。我们不仅要灵活地收集数据，而且还要注意到，数据收集只是第一步，如果不让数据"活"起来，仅仅是把收集的数据简单堆砌在一起，是没有意义的。

"活"用数据，就是你是否能看出这个数据本身的局限是什么。一方面，是数据为用户体验改善了什么；另一方面，企业在使用数据时，对活数据的运用解决了什么问题，或者创造了什么机会。要牢牢记住，活用数据很重要。

"活"的数据是"活"用数据的精髓所在。企业能够基于场景和相关的"活"数据将数据应用发挥出最大的价值，那么新的商业模式的开创也就会在不远的将来成为可能。

四、数据的整合管理

（一）数据的存放和管理

对于数据的收集而言，最重要的不是看我们收集了什么数据，而是要思考这些数据如何使用以及收集这些数据到底能够起到什么样的作用。用一句话来说，就是收集数据不是目的，收集起来的数据如何产生价值才是最终的目标。不过，如何收集在未来具有价值的数据的确是一个难题，当中就需要一些经验的判断了。

数据存储下来之后，数量和广度都很大，就需要对之进行完善的管理。数据管理的内容包括很多方面，比如，数据的来源、如何让数据不丢失、如何保护数据的安全、如何让数据准确和稳定以及如何更好地运用数据，这些都是数据运营中的"管"。但是，"管"并没有一个标准可循。大数据管理到底要怎么做？目前还没有准确答案。

有些公司的数据管理非常依赖数据产品，希望用数据产品来解决获取及使用数据的问题。他们认为"不管怎么样，我们先收集数据，将来肯定有用"。其实这是不妥的，因为没有一家数据运营商可以让你无止境地收集数据，然后再使用，这根本是不现实的。

而这就是"不做决定的代价"。因为，在这个世界上，有一些决定是我们一定要做的。从运营数据的角度来说，如果我们只收集数据而不做分析和应用的话，代价就是很沉重的存储成本。这种存储成本的代价是巨大的。即便是一家富有的公司，即便是它的机器比较多，也只能短时间地延续这种损失。因为不管你有多少机器，这些数据都在呈指数式增长，当提到怎么备份时，问题就出来了。在这种情况下如何备份？此时，我们必须决定什么东西需要先备份，什么东西可以先放在"冷库"里。"冷库"的意思是一些成本比较低的服务器，但是放在"冷库"中的数据不能随时使用，需要调出来才可以使用。

针对这种情况，有人说，我们仅把三年前的数据都放进去吧，够吗？答案就是：还是太多了。有人说，那我们可以把一年半以前的数据都放进去吧？不行，因为用数据观察业务发展趋势的分析师一般都要看三年的数据，所以这种做法也不现实。在面对"决定放什么数据进'冷库'"和"决定什么数据在紧急情况下一定要保护"的问题时，你就会发现以前我们所讲的观点——数据先收集起来，将来再使用，完全是一个伪命题。之前从来没有人对这个伪命题表示过异议，无论银行还是金融机构，甚至以前的互联网公司。而当大数据出来后，这个观点就成了一个借口、一个伪命题。这是一个很难下的决定，但这就是你必须做的决定。如果，你在以后发现你需要的数据，的确没有得到提前保存的话，那就只能错失这一发展机会了。事实上，这是企业的博弈。

或许有人会问，一家企业并不需要从事所有的商业，为什么所有的数据都要收集呢？事实就是这样，这是数据人在管理上的不负责任，平心而论，这个责任也非常难承担。

很多大公司正在数据管理这条路上学习，而当前我们面临着很多以往不曾遇见的问题。比如，我们是应该在各个部门里运作，还是集中管理数据？我们是应该在数据安全的前提下更开放，让更多人找到数据的价值，还是应该更封闭，让泄露数据的可能性更小？另外，个人隐私怎么去保护？我们怎么才能成为一家负责任的数据管理公司？这些都是很有代表性的难题。

现在，大型的互联网公司通常都同时拥有成百上千种正在开发的项目，它们都在直接或间接地改变着数据，而在这种情况下，又如何保障数据安全？事实上，数据的源头已经"脏"了，而下游使用数据的人还不知道，同时，源头的数据使用者也没有责任告诉下游这些数据已经"脏"了。所以，如果你数据使用得不好，这对你的发展影响也不会很大。但是如果你数据使用得好，而且将它作为公司的核心竞争力，那么你的麻烦就大了。因为你的数据源本来就来自各个地方，而每一个来源都没有责任告诉你从它那儿来的数据是正常的和可靠的。特别是大数据出现后，数据的精准与否更加重要。因为大数据在很多情况下，是利用外部数据来帮助内部数据进行调整的，如果你的内部数据难以保证"干净"的话，那么外部数据同样无法保证"干净"。

数据管理，是大数据行业的"脏活""苦活"和"累活"，是最难解决的事情。如果没有这些背景做铺垫，人们对很多公司在做的所谓的大数据的运营就会持有怀疑态度了。

（二）数据的归类整理

1. 按照是否可以再生的标准来看，可以分为不可再生数据和可再生数据

不可再生数据通常就是最原始的数据，比如用户在访问网站时，浏览记录会追踪用户的行为，如果当时没有被记录下来，就没有其他数据来还原用户的行为了。这个有点像拿着相机拍闪电，抓拍很重要，一旦错过，闪电就不可能再重复刚才那一瞬间的光影了。因

此，对于用户日志类等不可再生数据而言，必须有很完善的保护措施和严格的权限设置。现在，很多系统都有备份多份数据的功能，理想情况应该是，因为磁盘损坏而造成数据丢失的案例越来越少。但是，因为系统升级失败和误操作等造成的数据丢失在各家公司都屡见不鲜、见怪不怪了。

可再生数据就是通过其他数据可以生成的数据，原则上，指标类数据的衍生数据都是可再生的，只要原始的不可再生数据还在，就可以通过重新运算来获得。不过千万不能因为"可再生"这个词语的存在，就对可再生数据不重视。有些可再生数据是通过很长时间的积累不断加工而成的，是长时间从海量数据中计算出来的，比如对某个用户在数个月内的连续购买行为产生的规律，如果未做保护，虽然仍然可再生，但是再生的时间却会给企业带来问题。因为即便对于有顶尖计算能力的公司来讲，都可能是数日，甚至是数周、数月，而这个时间过程可能就会对公司的某一项核心业务造成毁灭性的打击。

对不可再生的数据而言，已有的数据要严格保护，想要但是还没有的数据就要及早收集。举个例子，很多电子商务网站是不关注客户在商品详情页面有没有做滚屏操作的。如果这一类型的数据没有被记录下来，企业就无从知道详情页的有效性。当商品页面进行改版，需要对此类数据进行参考时，就没有办法来获得相应的数据支持，最后能做的就只能是等待在页面上进行布点开发，等待数据收集到之后再进行决策，这就造成了决策的延误。

对于可再生数据而言，要及早做好业务的预判和数据处理的规划。这样一来，数据在需要的时候就能够快速地获得应用，人们把这一数据称为数据中间层。

2. 按照数据所处的存储层次来看，可以分为基础层、中间层和应用层

从数据的存储角度来说，数据有很多层次。基础层通常与原始数据基本一致，也就是仅仅存储最基本的数据，不做汇总，以尽量避免失真，从而用作其他数据研究的基础；中间层是基于基础层加工的数据，通常也被认为是数据仓库层，这些数据会根据不同的业务需求，按照不同的主体来进行存放；应用层则是针对具体数据问题的应用，比如作为解决具体问题的数据分析和数据挖掘的应用层的数据。

在存储层这个层面上，最大的问题就是数据的冗余和管理的混乱。尤其是对于一些拥有海量数据的大公司而言，数据的冗余问题尤为严重，由此造成了大量的浪费。

在大公司中，进行数据分析、开发、挖掘的人可能有数十甚至是数百人，这些人可能归属于不同的业务团队，为了满足不同的业务各自分析数据应用。这样一来，不同的人可能都从头开始建立起了一套包含基础层、中间层和应用层的数据，而彼此之间又没有合适的交流方式，也就造成了工作的浪费。那是不是应该把所有的数据进行更好的归纳或者管理呢？任何管理方法，无论是集中式管理，还是分散式管理，都各有利弊，而且人和业务

多了之后，企业也很难进行集中式管理。专家给出的建议是，基础层必须统一，因为这是最基本的数据，而且基本数据是原始数据。除了备份的需求外，没有必要在各个场合保留多份数据。只要保证这个数据有良好的原数据管理方式，就能极大地降低成本。而对于中间层和应用层而言，则要视具体情况而定：如果公司的业务相对单一但成本压力比较大，则建议集中式管理；如果公司的业务量非常大，则可以由多个数据团队来进行分散式管理和应用，以保证基础层单位有最高的灵活性。

3. 按照数据业务归属来看，可以分为各个数据主体

按照业务归属分类的意思就是，将数据按照不同的业务主体分门别类地进行归纳。就好像仓库一样，将不同的物料进行分类存放，可以提高其使用和管理的效率。按照业务归属分类的数据在不同公司可能体现出不同的内容，在平台型电商可以分为交易类数据、会员类数据、日志类数据等。交易类数据是指平台型电商的订单流水，其中包含了买家、卖家在什么时间成交了什么商品；会员类数据记录了买家、卖家的身份信息，比如注册时间、身份证号码、信用等级等信息；日志类数据则更多的是指用户的行为，即哪个用户在什么时间段访问了平台的什么页面、点击了什么按钮等。

对于数据的分类则主要根据业务特点进行归类，并没有一个特别的硬性规定。总体的原则就是让数据的存储空间更少，分析及挖掘的过程更简单、快捷。

4. 按照是否为隐私来区分，可以分为隐私数据和非隐私数据

顾名思义，隐私数据就是需要有严格的保密措施来保护的数据，否则会对用户的隐私造成威胁。用户的交易记录属于隐私类数据，对于一家有着良好数据管理机制的公司而言，通常的管理方法是对数据的隐私级别进行分层，数据从安全的角度可以进行两种类型、四个层次的数据分层。两种类型就是企业级别和用户级别。企业级别的数据，包括交易额、利润、某大型活动的成交额等；用户级别的数据就像刚才提到的身份证号码、密码、用户名、手机号码等。四个层次是对数据进行分类，分别有公开数据、内部数据、保密数据、机密数据。

当然，也有隐私数据保护得不好的企业，之前很多隐私泄露的案例都对用户造成了很大的损害。比如，某些网站几十万的开房信息泄露、数百万的密码泄露等都是此类事故。随着拥有大量数据的网站和公司越来越多，数据安全就越来越成为一个核心点，需要投入专门的人和专门的团队来进行数据安全的管理。而数据安全工作的推动，初期往往会受到一线员工的反对，因为任何一个安全系统都意味着已有的权限被收回，也会因为改变工作方法而降低效率。所以，拥有大数据的企业高管必须关注数据安全，否则数据越大，对

"恶人"的吸引力就越大，最终对用户和公司造成损失的风险也就越大。

五、数据的使用

从使用数据的角度来说，电商行业就有很多值得其他行业借鉴的地方，可以让数据真正地使用起来，并且产生实际的商业价值。

不同的运营商对数据有不同的用法，这里，让我们以电商为例，看看他们是如何运用数据的。首先来看现在电商的背景，不论是以阿里为代表的平台型电商，还是以京东为代表的自营型电商，或者以 1 号店为代表的垂直类电商，它们的一个共同特点就是商品非常丰富，商品数量动辄就是百万千万级，而平台类型电商的商品数量可能更多。

对于消费者来说，进入一个电商网站的首页并不需要看到那么多的商品，如果消费者有明确的购物诉求，那么可能会直接进入电商网站的搜索引擎开始寻找商品；如果没有明确的诉求，则可能是在电商网站提供的类目和活动等区域随意寻找。这个时候问题就来了：页面内容是有限的，消费者的时间是有限的，消费者的需求是有偏好的，但是商品量非常大，电商的目标又是为了能够通过闲逛让消费者产生成交额，那么如何找到合适的商品放在首页就成了问题的关键。

面对这样的问题，专家给出的解决方案是通过一套数据中间层来生成用户在特定市场的个性化标签。电商企业不同类目运营的员工通过算法或者人工选品来实现用户标签和商品的匹配，从而实现用户"逛"的效率最优，进而提高用户由游逛到购买的转化率。建立标签，简单地说就是通过数据的分析来对用户的偏好进行描述，建立标签通常有以下三种方法。

第一，是通过业务规则结合数据分析来建立标签。这一类型的标签和业务人员的经验紧密结合，这里可以举几个例子，以便对这类标签的设置有更加直观的感觉。

比如，业务人员可以判断出购买某一个具体车型的人可能就拥有这款车。此时，就可以通过数据进行分类，把用户分为不同类型的车主等。这个时候当用户进入汽车配件类目时，就可以直接为用户推荐相应的汽车配件，直到用户有明确的行为去搜索别的汽车用品时，再进行数据调整。再比如，有些用户平时很少网购，但一到大型节日前就会大量购买商品，这一类用户通常都是企业的采购人员。这时候就可以在礼品等类目进行企业礼品的相关推荐，甚至直接推荐该网站的储值卡。还有，对于中老年人的识别，可以通过用户经常使用的地址和包裹的寄送地址来进行区别。

第二，是通过模型来建立标签。比如在婚庆类目上的特定行为，当然，特定行为是通过数据模型识别出来的，此时我们就可以认为其是一个即将结婚的用户，这样可以结合时间来给用户打上婚庆标签，也可以持续观察这一类用户，在未来可能会打上家装的标签和母婴的标签等。结合用户的手机充值和收货地址等行为，可以用数据模型计算出该用户是否是自己购买，还是作为一个网购的中心者为他人购买，如果能判断经常为他人购买，则可以打上类似于"网购影响力中心"这样的标签，可以在不同类目的场景中运用。

第三，是通过模型的组合来生成新的标签。任何一个模型都是有生命周期的，或者说企业内部不同的建模人员可能对同一用户会做出不同的判断，所以，我们需要对模型不断地进行整合。通常情况下，可以采用模型投票的方法从多个模型中抽象出合适的标签。

标签的应用是指在电商网站的首页或者具体的类目网页进行标签的使用。对于标签的使用，最核心的就是数据中间层和前台业务层的对接，并且能够让运营人员非常方便地进行商品的设置。这里涉及两个核心点：一是中间层和业务层的对接，二是中间层的易用性。下面分别就这两个内容来做一些探讨。

中间层和业务层的对接。目前，对接是在互联网广告中非常热门的概念，典型的应用之一就是数据管理平台（DMP）。在这个系统中，用户以标签化的形式存在，也就是之前给用户打好的标签有了一个管理的平台，终端使用者可以在这个系统中进行用户选择，选择完成之后就会产生一个投放计划。DMP还会和前台业务平台进行打通，简单地说就是用户登录首页之后，系统就会认出用户身上的标签，就可以根据DIM中设置的计划来产出不一样的内容。

中间层的易用性。对于终端用户来说，选择标签需要足够简单，并且能够非常清楚地知道这个标签具体代表的含义是什么。

对于数据从业者来说，让数据变得超级简单是一个非常重要的使命，所以界面的设计和后台的管理等内容都非常重要，否则可能会失去标签系统的价值。

对于大数据来说，"用"是让数据发挥价值的最大一步，在这里我们也只是举了一个数据应用的简单例子——标签系统。这个例子是数据和运营数据紧密结合的一个案例，也是数据运营或者数据驱动的一个典型案例。只有先结合大数据的技术将数据化运营做好，才能让数据从成本转化成利润，才能真正发挥出大数据的价值。

第二节　大数据与人力资源管理的关系

一、21世纪人力资源管理面临新形势

在了解大数据与人力资源管理的关系之前，首先应了解在当前情况下，人力资源管理

所面临的形势，也就是较之以往发生了哪些重要变化。

（一）人力资源管理，已经变成了劳动力管理

在互联网、大数据条件下，碎片化已经成为事实。时间碎片化、学习碎片化、用工碎片化等都是新的事物。一位研究劳动力的专家称，劳动力供给在今天已经与以往发生重大变化。

以往的公式是：

$$劳动力供给=劳动者人数×劳动时间$$

现在的公式是：

$$劳动力供给=（全职雇佣的劳动者+非全职雇佣的劳动者）×$$

$$（小时工作时间+加班时间+碎片化时间）$$

因此，人力资源管理已不能叫"员工管理"，而应该叫"劳动力管理"或"劳动者管理"。劳动者不一定是我的员工，而是我所使用的人。在互联网冲击下，企业的边界正在被打破。同时，企业也获得了更低廉的劳动成本。

最典型的是像传媒业、互联网业、创新产业等知识劳动者密集的产业，完全可以采取雇用专家组成项目团队的方法来完成工作，创造一般人创造不了的价值。另外，居住在企业附近的人也可以成为自己的雇员。随着互联网、大数据技术的发展，劳动力管理工具已经能够最大限度地整合劳动力资源，帮助企业在合适的地点更精准地找到最合适的人选。

互联网和大数据还改变了劳动者的工作方式，像专栏作家、淘宝店主、酒后代驾、专车司机等都是一些灵活就业者，他们依靠互联网找到了自己满意的工作。在大众创业、万众创新的大背景下，"个体户"的概念也需要重新定义，他们应该称为"自我雇佣者"。他们的社会福利与社会保障应该跟上时代、有所创新，而这正是人力资源宏观管理部门所忽视的。

（二）大数据在宏观管理方面应用很广

大数据应用于宏观层面的人力资源管理，可以表现在很多方面。

1. 信息公开能够促进就业

通过推动社会信息公开、透明与共享，内部与外部利益相关者都提高了工作效率，产生了公共效益。

2. 实时数据确实促进就业

联合国启动的"全球脉动计划"为各国提供实时数据分析，以便准确了解人类福利状况，降低全球性危机对人类生活的影响。联合国前秘书长潘基文说，联合国必须为自己的服务对象服务，帮助那些失去工作、生病、难以养活自己和家人的人。

3. 个性服务大大促进就业

传统公共服务强调共性，实际上，个性化需求十分迫切。德国联邦劳工局通过对就业历史数据的分析，区别了不同类型的失业群体，实行有针对性的服务，在每年减少100亿欧元的情况下，减少了失业人员平均再就业的时间。

4. "千人智库"促进人才创业

"千人智库"是一个依托全球人才资源大数据，对接各级政府、企事业单位人才与项目需求，面向市场提供高端猎聘与咨询服务的民间智库。总部位于湖北武汉光谷。"千人智库"拥有巨大的数据资源，会聚了以"千人计划""万人计划"为代表的海内外高层人才，整合了《千人》杂志、科研出版社（亚洲最大的开源电子期刊出版社）、汉斯出版社（全球最大的中文开源电子出版社）等相关机构的人才资源，掌握全球1 000万名以上的科学工作者数据，并形成了每天实时更新的智能化人才大数据。作为一个巨大的信息化平台，"千人智库"能够精确匹配客户的人才需求，已经为湖北武汉、鄂州、襄阳、黄冈，以及天津、浙江余姚、辽宁本溪、江苏南京、北京中关村等地开展人才引进与项目对接服务。与传统的引才方式相比，"千人智库"具有服务范围大、引才效率高、成本付出低的特点。

二、基于大数据的人力资源管理

关于大数据人力资源管理，人们有不同的认识。例如，有人认为，我们当前使用的数据，尚不够大；还有人认为，我们目前的管理距离大数据管理差得还很远。我们认为，在互联网时代，大数据已经生成在我们身边。我们使用的互联网就是"互联网"+"大数据"+"云计算"。包括简单至极的出行打车，你所使用的手机（移动终端）工具，就是以大数据为基础的。因此，在我们的论述中，均以"基于大数据的××"来加以区别。这是需要说明的。

（一）基于大数据的人力资源规划

人力资源规划，就是对组织人力资源的进出以及配置做出提前的设想与准备。显然，这需要弄清几个问题：当前本区域内的人力资源总况，当前组织内人力资源余缺，当前本组织最需要的人力资源类型、层次和数量，内部人力资源流动配置计划方案等。

哪些人会离职要特别引起重视。因为人力资源工作者必须保证人力资源能够充分满足组织内各个工作岗位的需要。

通过数据挖掘，专家发现，通过询问"不墨守成规的人，在每家公司都有生存空间"这样一个问题，同意该说法的人，往往跳槽率较高。这是回归方程计算的结果。

统计回归不仅可以对员工离职进行预测，而且能同时报告预测的准确程度。沃尔玛从它的雇佣测试回归中学到三件事：一是应聘者在其岗位上能够工作多少时间（比不同意该说法的人少 2.8 个月），二是这种预测的精确率有多大，三是这样的应聘者供职更久的概率是多少。

（二）基于大数据的人力资源招聘

人才管理从系统论的角度看是一个"进管出"的过程。也就是首先将各类人员包括其高端部分——人才引进组织之中。

大数据时代的招聘以数据作为衡量人才的前提，以模型作为评价人才的标准，能够进行迅速、有效的筛选，保障招聘质量。例如，美国 IBM 公司花费 13 亿美元，收购了 Kenexa 的一个招聘培训机构（它每年向 4 000 万工作申请者开展问卷调查，获得基于大数据的人员特质分析），使招聘岗位与应聘者之间实现更加精确的匹配。专家认为，这种形式的招聘，从技术角度看，是持续的数据挖掘过程；从信息角度看，是关联信息不断组合的过程；从专业角度看，是对岗位价值、胜任力的理解过程。

大数据时代的人才招聘，是一个双向选择过程。组织要选人才，人才也要选组织。这是一个双向互动过程。

1. 借助社交网络

目前，企业招聘已经能够借助社交网络，达到知人的目的。社交网络是拥有大数据集群的最大主体，能够通过它获取应聘者生活、工作、能力状况、社会关系等各方面的信息，形成立体形象，便于企业做到"精确人岗匹配"。融合社交网络的最佳对象，有人认为是 LinkedIn。它能够借助社交基因弥补传统网络单向招聘的不足，既能令雇主与应聘者之间彼此深度了解，也能节省招聘成本，提高招聘效率。

2. 通过人力资源外包公司

现在很多人力资源外包公司能够从两个对立的方面为求职者与招聘者提供服务，如

Glassdoor、TalentBin、Identified 等。在 Glassdoor 这家公司注册的求职者，可以了解应聘公司的薪酬水平、工作环境、公司内幕，在与脸谱公司整合后，还可以告诉你，应该结识公司里的哪些人，可以提出想到哪个岗位工作。还有的公司借助社交网络，能够告诉求职者应聘公司内部"有哪些认识的人"，公司有没有关于职工婚姻状况的潜规则。要想晋升，需要准备什么样的知识、提高什么样的技能，被聘任之后，可以按照什么样的路线图发展自己等。

作为人才招聘方的企业，自然十分想获得应聘者的信息。TalentBin 公司通过收集社交网络上的个人信息，整理编辑出一个以人为中心的信息库，想招聘什么样的人，可以通过搜索获得。另一家叫作 Identified 的公司，可以对求职者进行打分比较。其核心功能是通过工作经历、教育背景、社交网络为求职者打分，其信息来源为 Facebook。

3. 人才网络招聘

通过互联网进行招聘，目前已经广泛流行。将来，基于大数据的网络招聘，会将网络社交功能引进招聘过程。在新型的网络招聘过程中，求职者可以在网站建立自己的简历，分享求职经验，关注职位信息，建立人际关系；组织也可以在上面树立自己的企业形象，吸引优秀人才加盟，发布招贤信息。

人力资源招聘首先需要面试。关于面试的方法很多，这里不再展开论述。比较先进的方法是一种通过游戏识别人才的技巧。

4. 高效率的视频招聘法

最近出现的基于大数据、人才模型的"欧孚视频招聘法"是一种高效率的招聘法。关键点在于应用了机器能力、分析算法，把大数据与人工智能作为武器，完成了将应聘者与所招聘职位的匹配。无论是从准确性而看，还是从效率上来看，都得到了成倍提升。

这种方法被国际学术界称为"科学读心法"，又被称为"人工神入"。最大的革新之处在于不是通过直接询问，而是依据一个人释放的个体信息，包括表情、语言、体势语言、生理特征来判断其内心状态。移动手机用户可以通过微信把一段视频发过去，进行分析。这种方法的主要优长之点是移动化、可视化、精准化、温情化。

5. 有趣的"芥末侍应"游戏识人法

玩家在游戏中是一家食品店的服务员。他需要依据顾客的表情来给他相应的食品。开心的顾客就要给他代表开心的食品，难过的顾客就给他代表难过的食品。虽然看上去这个游戏与一般游戏没什么两样，但可以对玩家在游戏中每千分之一秒的行为进行解析，考察他们与就业职位相关的性格特征，如责任感和应变能力等。

另外，还有很多这样的游戏能够辨别被测者的智力水平、情绪控制能力、对环境的适应能力。其最大优势是在短时间内进行多项测试，而且无须被测者做出有倾向性的回答，他也无法作弊。这种游戏软件是奈可公司开发的。专家说："大数据的应用，使得计算机在处理大量数据时，可以从中挑选出人关注不到的信息。这就能够使人力资源工作者做出更加客观准确的招聘决策。"人才招聘以往主要靠面试与简历筛选。前者误差大，难免受到"以貌取人"的影响。后者也会受到千人一面的困扰。

6. 人才雷达与雷达人才

人才雷达是基于云端，利用数据挖掘定向分析，帮助企业找到合适人才的信息平台。这种方法能够从九个维度给出某个潜在求职者一个分值。在互联网时代，每个人在网络上留下大量数据，其中包括生活轨迹、社交言行等个人信息。依靠对这些数据的分析，能够将锁定的人的兴趣图谱、性格画像、能力状况从中剥离出来。例如，可以从高校网站获取这个人的所受教育经历；可以从其所发表的论文、专业论坛发表的文章、被人引用的次数了解到专业影响力；可以从其所交往的好友辅助判断能力状况；可以从其网上的抽象语言判断性格特征；可以通过分析其网上行为表现而得知职业倾向；可以关注其发微博的时间特点、在专业论坛上的时间而推测其是否符合某种职业的要求。

以上讲的是人才雷达，那么什么是雷达人才呢？

雷达人才是专门等着人才前来登记的一个地方。其网页显眼的位置上写着"雷达那么强，我想去试试""又好又快又不要钱""找工作，雷达一下"。打开网页，求职者可以将自己的姓名、求职要求填写进去，一周之内，自动登录。其实，这时你就是其人才库的一个成员。你需要找工作，他们也需要你的加入。

"数职寻英"是周涛博士的一个创新。它其实是一个借助手机的"社会众包平台"，又叫"指尖招聘"。周涛解释说，当你在朋友圈分享了一个招聘需求，并被朋友分享给其他人，最后有人获得此信息并被录用了，那么所有转发此信息的人都将获得奖励。这么一来，人人都可以是猎头。

大数据时代的人员招聘，能够结合社交网站，掌握应聘者的各类信息，包括个人视频、工作信息、生活状况、社会关系、个人能力等，都能被了解，从而形成关于应聘者的立体图像，有利于做出正确的判断。

（三）基于大数据的人力资源配置

关于人力资源配置，人们必然会想到有关"能力模型"的研究。一个人能不能胜任某项工作，不是要看其智力，而是要看其胜任力。找到能够区分绩效优异与绩效低劣的一些潜在心理特征很重要。能力模型的开发过程是严格遵循心理测量标准的。模型做好后，可以以它为基础，开展人才招聘、配置、培训、绩效考评等。实际使用过这种模型的人都会感觉到，其开发过程比较复杂，费用也不菲，但并不实用。伴随着互联网的出现，人们逐步认识到，岗位是不断变化的，基于岗位的能力模型，很难适应这种变化。人们在思考：如果重视一个人的智力水准，加上潜力考察，能不能打破原有的、中心化的、封闭的心理评估工具呢？代之以能够反映群体智慧的评价方式呢？这种社会化的评价机制，可能就存在于社交媒体中，存在于群体智慧中。世界是否进入了"后能力模型时代"？

（四）基于大数据的人才测评

人才测评已经进行多年，不少人力资源服务公司都在研究如何才能更精确地进行测评。我们认为，大数据可以在这个领域大显身手。

为什么看好大数据测评？因为马克思说过：人的本质是人的社会关系的总和。试问：在大数据时代到来之前，谁能够把一个人的"社会关系总和"搞清楚？

但是，社会上已经出现大数据"搜索引擎"。搜索引擎越多越好，信息仓库里的信息越多越好。有了这种搜索，不良分子已经难以遁形藏身。我们能不能反其道而用之找寻到他的优秀面？大数据能够把人的各种信息踪迹迅速抓取、收集在一起，并能够进行综合分析。所以，大数据方法是人才研究的利器，也是人才测评的利器。但是，一定要注意道德与法律问题。

更深一层的意思：对于人才测评，不宜将对象分得过细。过细了，便什么也找不到了。不过，能否通过人才品质测评人才，目前尚存争论。

计算机对人面部识别技术准确率达到 96.9%。对更复杂的复合情绪识别率达到 76.9%。有家国外公司专门为顾客提供情绪反应数据。此方法还可以用来进行表情测谎。原理是：人们进行虚假和真实的感情表达时，使用的大脑映射不同，因此反映在面部肌肉动作上也有不同。这样微妙的变化人类很难区分，对计算机来说却很容易。

笑是人的表情的一个最基本的动作。但是，一般人对笑的详尽分类并没有注意，认为就那么几种。实际上笑有 27 种之多。对于这么多种的笑，靠人的肉眼是分不清的。但是计算机可以做到，可以在千分之一秒之间，捕捉到是哪种笑。它靠的是对面部肌肉的微细动作的分析。也就是说，计算机加上大数据，可以通过模型来分析一个人的笑到底是一种怎样的含义。这对研究知人之术是一种有价值的参考。

（五）基于大数据的人才使用

在每个企业里面，都会产生大量的数据踪迹。通过分析员工之间的沟通数据，不仅能够了解员工个人的表现，而且能够掌握团队的合作状况，从而能够采取有效措施提高企业内团队的合作效率，甚至在团队组成之前，就能预测出队员间的合作情况，以及可能出现的问题。

利用传感器和数字沟通记录，可以帮助公司高层知道不同团队擅长完成何种类型的任务，从而创造出"团队指纹"，也就是他们中的职工与什么类型的任务能够做到相互匹配。

建立团队指纹，不仅会让这个团队在某一个特定项目中获得成功，而且会让公司长期受益。

（六）基于大数据的人力资源考核

考核是人力资源管理的重要环节。没有考核就没有管理。

在谈到考核问题前，我们先来认识一个在已经出现的奇妙东西——社会传感器，它是一种具有多种感应功能的装置。最初，它只包含一个红外线收发器、一个麦克风和两个加速度传感器，并在被严格控制的条件下使用。经过改进，传感器增加了显示功能，可以显示滚动信息，还可以戴在脖子上。后来，增加了一个蓝牙无线电设备，一次充电可持续搜集 40 小时，甚至可以做到无线充电。

传感器搜集信息包括两部分内容，即个人的（如是否抑郁）与社会的（与他人的交往）。重点放在互动模式与汇总统计上，它所关注的是不同部门之间如何协作。项目的每个参与者都可以随时删除自己的数据。

在一些国家，不少公司要求职工一上班就打开计算机记录你一天的工作。由于有了社会传感器，有了计算机对你一天工作的详尽记录，考核就变得十分简单。组织可以通过软件记录员工每天的工作量、具体工作内容、工作成绩，然后使用云计算处理、分析这些数据信息，据此可以清楚知道员工的工作态度、忠诚度、进取心等。基于大数据，考核就变成"人在干，云在看"。

既然考核已经进行，那么根据考核结果，就可以按劳分配，将不同的薪点与对应的薪酬数量确定下来。有了大数据，对有的组织来说，可以实现"提前考核"。在国内，有的电商利用大数据，能够提前预测出每个员工的工作业绩。比如商品销售额任务是否能够完成，过去只能在年底算账，现在则可以提前预知，并适时对员工予以指导。那么管理者是怎样知道哪个人无法完成预定指标呢？原来他们通过大数据方法建立模型，将三个数据联系起来：第一个是"询盘价"，就是前来点击询问的商品价；第二个是下单价，要购买的总共的商品价；第三个就是实际发生的交易价。这三个数据之间有一定的比例关系。

（七）基于大数据的人力资源薪酬

实际上有了基于大数据的人力资源考核，确定薪酬就有了办法。

大数据在薪酬方面的应用，首先，在于对企业内薪酬的测定。这个不难，只是个计算问题。其次，还在于对本行业薪酬水准的把握。为了获得国内外同行之间的竞争力，需要参考大数据为你提供的数据来调控本企业薪酬水准。云计算技术能够快速解决此类问题。

（八）基于大数据的人力资源培训

当前，人力资源培训的一个重大特点就是在线教育人数大增。以互联网与大数据为基础的新的教学生态是：单向传播变为互动传播，通过订阅信息能够构建自己独特的知识结构，废除大学围墙与教室，学习可以随时随处地进行，而且不受经费的限制。现在，越来越多的企业开始购买网络培训课程。这不仅能够节省培训支出，而且能够记录每个员工的学习行为数据。不仅能够知道每个员工学习情况如何，而且能够根据实际情况给每个员工量身定制课程，提升培训效率。

大数据、互联网、云计算能够把行政办公、教学管理、学生管理、教学资源管理、一卡通集成在一个统一的门户下，为全校师生提供一站式服务。在福建化工学校，每个学生都有一个终身账号，也就是他的学号，即使毕业了，只要有一部手机（或者能联网的计算机），都可以进入学校的数字校园平台学习。学生在工作之后仍可以"回到母校"，开阔视野，参加终身学习。

飞行员培训也可以基于大数据。在飞机上有一种与黑匣子一样重要的东西，叫作"快速存储记录器"，又称 QAR（Quick Access Recorder）。实际上是一种带保护装置的飞行数据记录设备。它的功能是通过在飞机机身安装的几千个传感器，搜集到从飞行员走进机舱到飞机落地的全部操纵动作数据。

三、加快大数据行动，关键是要做起来

人力资源管理大数据怎样做起来？《促进大数据发展行动纲要》指出：要持续人才培养模式，建立健全多层次、多类型大数据人才培养体系。大力培养具有统计分析、计算机技术、经济管理等多学科知识的跨界复合型人才。积极培育大数据技术和应用创新型人才。依托社会化教育资源，开展大数据知识普及和教育培训，提高社会整体认知和应用水平。

（一）做好人才准备

大数据人才是当前社会最为短缺的人才。正因为短缺，应该加紧培养。特别是对应用型人才的培养。

大数据人才从能力构成上讲是多元的。神州数码董事局主席郭为认为，关键是三种能力：IT技术能力、数学统计能力以及业务能力。IT技术能力包括软件和硬件能力，数学统计能力包括数据挖掘能力，业务能力强才能科学建模。就大数据人才类型而言，有人认为，包括数据规划师、数据工程师、数据架构师、数据分析师、数据应用师、数据科学家等。只有实现大数据人才的多元构成，才能实现应有的功能。

（二）要勇于探索，真的做起来

我把大数据的实际应用理解为这么几个步骤：理解大数据（懂得知识），借用大数据（开放共享），做个小数据（小试一把），养个大数据（积水成渊），开发大数据（价值回报）。

既然大数据这么重要，那个人从何做起呢？可以从养数据做起。从个人的工作职责思考，也可以从个人爱好出发思考，到底从哪里养起。养是个爱好，是个过程，是种积累。所谓"大数据飞轮效应"，是你设想一个平卧在地上有支撑的钢铁巨轮，你想推动它，艰难之极。现在，你开始努力，持续不断地用一个大铁锤敲击它，它开始微微动了起来。这时，不要放弃，继续敲击，飞轮开始转动起来，而且越转越快。这时，你只要轻轻推动它一点点，它就会产生巨大的效果。此之谓飞轮效应。大数据也可以借助这个概念，从一点点数据积累开始，慢慢地形成"大数据"。

任何事情都有简单与复杂之分。大数据也是一样。简单分析比如现状分析（大学生就业）、关于某一项事情的分析（生产成本变化状况）；复杂分析比如年度收益预测分析、五年行业发展趋势分析。现状分析多为描述性的，预测分析多为预判性的。所以后者比前者复杂。万事开头难，有了开头，逐渐尝到甜头，就增加了自信心，也会逐步走向大胆应用。另外，如果刚开始借用第三方数据，之后开发自己的数据，也叫从简单到复杂。

据国内媒体报道，新华社人事局围绕人力资源大数据管理问题进行了积极探索。他们采用的数据标准是《全国组织人事管理信息系统信息结构与体系标准》，并以此为基础，涵盖在职人员、退休人员、调转人员、返聘人员、海外雇员、外籍专家多类人员。数据内容包括全社各类人员的基本信息、相关业务信息。为了拓宽信息库的内容宽度，他们还采用了面向全体人员的在线学习采集以及在线办理。与此同时，他们还利用信息网络，形成了"以岗为点，以点结线，以线成网"的信息管理与服务平台。目前，新华社人事局的同志们已经开始利用大数据分析人力资源形势，为人事管理决策提供建议，大数据点亮了人力资源管理系统的"大智慧"之灯。

第三节　基于大数据技术的人力资源管理实践创新

一、大数据改进人力资源规划

各种经济时代的区别，不在于生产什么，而在于怎样生产，用什么劳动资料生产。劳动资料不仅是人类劳动力发展的测量器，而且是劳动借以进行的社会关系的指示器。马克思按照劳动资料或劳动工具的标准，把人类社会发展分别称为石器时代、青铜时代、铁器时代、大机器时代。马克思没有看到信息时代的到来，但当信息技术作为非常重要的生产资料或者生产工具的时候，我们还是依据马克思的理论，称这个时代为信息时代。

如今大数据的到来，作为新的生产资料，不断体现出在社会经济活动与社会管理活动中的巨大作用。劳动工具是生产力发展水平的重要标准，而生产力发展水平则是一个时代的本质特征。大数据的出现对生产力的发展有着直接的推动作用，这也是为什么大数据时代会被称为一个时代的原因。

大数据时代下，数据成为真正有价值的资产，云计算、物联网等技术手段都是为数据服务开辟道路的。企业交易经营的内部信息、网上物品的物流信息、网上人人交互或人机交互信息、人的位置信息等，都成为摆在明面处的资产，盘活这些数据资产，直接作用于个人的生活选择，企业的决策甚至国家治理，改变人们生活方式。

（一）应该树立起大数据意识

随着大数据的脚步日益加快，对于企业员工而言，树立大数据意识显得极为重要。在进行人力资源规划时，首先，要培养人力资源部门员工具备数据化意识。人力资源部门作为企业员工的管理者和培育者，他们的数据化意识直接影响企业员工数据化意识的建立。而人力资源部门具备数据化意识时所制订的人力资源规划会突出数据带来的影响和意义，从而促进企业的数据化进程，在预测岗位需求、分配供给时，提供数据化的支持。

数据化意识的培养要从人力资源部门深入至企业每个部门。要让人力资源部门意识到大数据背后隐藏的潜在价值，并依据大数据所隐藏的价值做出正确的人力资源规划。其次，要培养其他部门员工的大数据意识。企业员工是人力资源规划的执行者，他们大数据意识的建立，有助于人力资源规划的顺利展开以及减少规划实行的偏差。关键是要让企业员工意识到数据的重要性，并致力于收集真实、高质量、有价值的并且具有高可靠性的数据。只有当每个员工都认识到大数据所带来的价值和意义，才能使企业具备更强的竞争力。

（二）要积极搭建起数据化平台

在企业规划每一年度的人力资源策略时，总会对现有的人力资源水平进行调查和确认，如果每年都要在制订人力资源战略规划的时候再去调查人力资源现状程序会比较复杂，同时浪费了极大的财力、物力、人力。同时，在分析各个岗位的人员数量、员工能力时需要一定的时间才能准确分析出现有的状况。

倘若在企业中构建一个数据化平台，在每天的日常工作中，员工通过数据化平台，实现每天的出勤、工作绩效、薪酬等多方面的记录，不仅能大大节省人力成本，而且能实现员工工作规范的检验、工作数据的统计、工作进度的共享。另外，企业还能进行监控，从而保证数据的及时性、准确性和真实性。在实现员工绩效评价的同时可以对公司每个岗位员工的能力进行有效的分析和计算。数据化平台能提供管理人员有效的员工信息，大大降低了人力资源部门在制订规划时所需要的人力、财力。而长期积累的数据比急需时的调查所得的数据更为有效。因为每一天的员工信息都会被数据化平台记录，不会存在员工出现特殊情况或特意配合调查所带来的误差。

同样，数据化平台也适合于高层人员管理。数据化平台还能及时记录管理人员所制订的企业目标和长期规划，向员工传递及时有效的年度目标、当月计划甚至每日生产计划，并及时统计往日生产状况并审核。因此在这样的基础上，数据化平台对人力资源的需求和供给进行预测也显得十分方便，及时绘制企业目标走势图，与管理人员交流、对企业战略进行设计和研讨，并对企业各个岗位需求进行有效的预测，与此同时，根据数据派遣相应数量的员工，在分析数据后进行员工的补给和删减，实现工作量的合理分配。

在制订人力资源规划方案阶段，当数据化平台中显示任务量过大不能及时完成时，人力资源部门能及时采取招聘策略，补充人员。由于数据平台的建立使绩效管理更为方便，企业人员的提升、培养、薪酬管理，都能根据数据及时有效地跟进，而对任务量不达标的员工也能够进行再培训和激励。

（三）重视发挥大数据的预测预知功能

著名的沃尔玛公司利用"雇佣预测回归"方法提升了人力资源规划水平。他们称：他们现在能够知道某个应聘者在其岗位上能够工作多长时间，能够知道这项预测有多么精确。例如，某个应聘者的供职期限是 30 个月，回归方程还会单独报告他供职不会超过 15 个月的概率是多少。

沃尔玛发现，用"不墨守成规的人在每家公司都有生存空间"这样一个问题对应聘者进行测试，对其做出肯定性回答的人比对此做出否定性回答的人供职期限要少 2.8 个月。

有了这种提前性预测，人力资源规划就可以做到提前进行，而不是被动应付。

对我国人才资源需求进行宏观预测规划，显然是一项意义更加重大的事情。学者的观点是：目前预测方法科学化水平不高，必须建立需求预测的长效机制；明确预测主体，建立人才需求的预测体系框架。显然，大数据能够在这个领域大显身手。这也是人才资源管理发展的必然趋势。

二、大数据改进人力资源招聘

人力资源管理，不能仅仅局限于传统模式的延续，而应结合时代发展趋势，采取更为科学有效的方略。将大数据方法运用到人力资源各大模块的实践，对组织发展就具有特别的重要意义。

大数据可帮助组织建立有效的人力资源数据库，对现有或未来预期的人力资源数据进行管理完善，但就目前企业的实践而言，这一目标尚未得到较好的实施。人力资源数据太少，大都是集中在企业内部录入的结构化数据，主要起到保存信息和辅助具体事务工作的作用，并不能服务于未来发展需求，提取到的数据也不具备什么应用价值。对企业十分有用的数据大量存在于社交网络中。

企业如果对社交网络信息重视起来，能够帮助企业及时锁定符合企业发展战略的目标人群，找到与企业职位相匹配的合适人才；就求职者而言，能够获得展示自身才能的平台，找到最适合自己的职位，实现自我价值。由此可见，基于大数据的人力资源招聘，无论是对企业还是对求职者，都是功德无量的。

大数据蕴藏着的有价值的信息，有助于实现决策科学化，提高预测精准率，把握发展趋势，适时规避风险。充分利用大数据，能够带动组织人力资源招聘效率提升，招聘质量提高，具有重大实践意义和应用价值。

（一）大数据人力资源招聘的新内涵

在大数据背景下，人力资源招聘有什么新的内涵呢？

基于大数据的招聘，正在不断地融合社交网络，借助社交基因弥补传统网络招聘的不足，能够使雇主与应聘者之间进行深度了解与交流，既节约成本，又提高效率。

大数据背景下的招聘，是在分析大量数据的基础上，通过提取和分析有价值的数据，做出招聘方向、策略选择，实行目标定位的。商业意识超前的企业，可以把招聘系统当成一种商品在互联网上以租赁的模式给客户提供服务，创造价值。

大数据时代下的组织人力资源招聘有什么特点呢？

大数据招聘能够改进传统人力资源招聘方法单一，信息不足、认知片面的弊端，为客户和组织提供求职和招聘的平台。这样的平台能够将线上、线下各种网络渠道整合在一起，实现信息共享。

1. 整合招聘信息渠道

大数据招聘管理系统能够将各渠道发布的招聘信息进行整合，提高搜索信息的有效性，实现招聘流程的规范性和标准化，整合碎片化的招聘渠道信息，提高企业人力资源部门和业务部门通力协作的有效性，提高整体招聘效率。

2. 降低招聘成本

招聘管理系统可以帮助组织减少一些不必要的成本。因为该系统能实现最大限度的招聘资源共享。例如，提供视频会议系统解决分布式、模块化、大容量的远程招聘解决方案。招聘数据化、系统化减少了从事传统招聘各环节运行的成本。

3. 提高招聘质量

大数据方法能够分析每个岗位的胜任特征，筛选与岗位需求较吻合的求职者，将人才素质进行量化模型匹配，通过数据计算得出较为科学的得分模型，帮助寻找高度匹配的目标人群。这就有助于提高招聘质量和效率。

4. 实现招聘效果量化管理

运用大数据的人力资源招聘，从招聘条件的筛选、招聘计划的制订、招聘方式的选择到招聘目标的确定，都可以借助大数据提出可量化的方案，分析趋势，便于管理层制定决策。招聘效果的量化管理能够为人力资源管理其他模块提供指导和参考，从而更为系统地全面提升企业人力资源管理水平。例如，通过招聘效率分析渠道的效能。

目前，招聘渠道日趋多元化、碎片化，需要建立一个能够将各渠道整合的平台。基于大数据进行招聘，能够帮助组织在更大范围内锁定人才、筛选人才，预测其离职倾向及入职后的科学化培养、保留，及时发现人力资源管理中存在的问题。

（二）大数据人力资源招聘的新措施

1. 运用网络技术，提取招聘目标

现代网络技术的应用，能够节约时间、节约成本，不受时间、空间限制地发布信息，并可以通过"网络可视招聘"系统，实现组织与求职者面对面进行双向交流和选择，从而提高个人求职与组织求才的效率。

2. 通过社交网站，形成"传递"效应

当需要招聘员工时，传统的做法是张贴招聘信息、等待招聘会举办投递简历，这无疑会影响招聘进度。现在，可以利用论坛、微博、朋友圈等社交网络平台，随时随地发布招聘信息，不仅能在与自己相关的圈子内网罗人才，还能够通过转载、评论等方式将招聘信息快速传递，形成"传递"效应，同时起到树立公司形象的目的。

3. 系统加人工，建立筛选"双保险"

在完成招聘工作的组成部分中，筛选简历无疑是重要的一个环节，仅靠人工筛选成千上万的简历份数，会影响到招聘效率和招聘者的工作状态。在网络环境下，招聘人员可以做到实时、实地筛选简历，只要在系统中设定必要条件，经过人工双重筛选，就能提高工作效率。

大数据时代下的招聘是基于现代网络技术产生和发展起来的，只有不断提升相关技术水平，增强信息收集、提取和分析能力，才能不断适应招聘活动需要，满足招聘需求。

（三）大数据在人力资源招聘中的应用

1. 在人才搜索工作中的应用

在现代世界中，企业间的竞争是人才的竞争，而企业招聘人才乃是人力资源部门的首要任务。传统的招聘通常遵循下面的步骤：首先是人才需求部门向主管做出报告。其次是将招才信息张贴于公司门户。当应聘者发现信息，引起兴趣，他们会将简历发过来表示愿意应聘。之后，企业人力资源部会选择应聘者的简历，面试候选人，直到找到合适的人才。在选择过程中，除了教育、性别、职业等硬指标外，实际上面试官的经验发挥了重要作用。但现实表明，这么做往往是偏颇的。现在，大数据方法可以很好地矫正它。大数据提供的是一个内容更加广泛的招聘工作平台。公司对汇集到的社交网络上的简历信息和应用信息进行分析，可以帮助招聘人员寻找到更多有关候选人更加丰富的信息，包括个人视频图像、生活条件、社会关系、特殊能力等，使候选人的形象变得更加生动。这无疑将有利于组织实现准确的"人岗匹配"。

2. 在数据处理中的应用

人才评价在当前人力资源管理技术中已经越来越受到重视。目前，评价过程较多采取专家评估的形式，采用综合评价的方法，但这些方法都是很主观的。鉴于此，研究人员研究了多种利用大数据让数据说话的方法。发达国家在这方面应用较多，发展中国应用较少。但是，利用大数据分析确实可以有效地处理大量的数据，满足用户需求。

3. 在数据挖掘中的应用

数据挖掘技术是一个强有力的工具，它能够帮助企业找出合适的规则来指导工作的进行。比如数据挖掘中的分类技术，通过分析企业现有员工与应聘者的关系，能对招聘工作起到指导作用。例如，在数据库中随机选出测试样本，对数据进行预处理，构建出人才招聘的数据模型。人才测评是招聘工作的重要环节之一，但目前企业的人才测评算法还不够成熟。利用大数据可以改进人才测评中的一些问题，以及以前算法中不成熟的地方，从而为人才选拔提供更好的工具。

大数据能从大型的人力资源数据库中挖掘出人才的一些隐匿的信息，帮助企业招聘决策人员找到数据间潜在的联系，从而更有效地进行人才测评。

三、基于大数据的人力资源使用与改进

人力资源是第一资源，是企业最宝贵的资源。人力资源对生产力发展起着决定性的作用，对企业经营战略的实施起着保障作用。随着经济全球化的进一步推进，能否在竞争日趋激烈的环境中生存和发展，关键在于企业是否具备核心竞争力，而核心竞争力主要来自企业中的人力资源。任何企业都离不开优秀的人力资源管理，中小企业更是如此。

企业是从事生产、流通、服务等经济活动，以生产或服务满足社会需要，实行自主经营、独立核算、依法设立的一种营利性的经济组织。人力资源是指一定时期内组织中的人所拥有的能够被企业所用，且对价值创造起贡献作用的教育、能力、技能、经验、体力等的总称。现代企业人力资源的合理配置与使用是企业人力资源管理的重点内容。在企业里，人是最活跃、最有潜力可挖、可以最大化创造利润的要素。人力资源使用得好，企业可以飞黄腾达；使用得不好，企业可能倾家荡产。

基于大数据的理论分析，转变传统人力资源管理思维方式，形成大数据思维，积极变革人力资源管理模式和管理方法，成为企业人力资源管理应对大数据时代挑战的核心。维克托·迈尔-舍恩伯格指出：大数据颠覆了千百年来人类的思维惯例，对人类的认知和与世界交流的方式提出了全新的挑战。人力资源使用，可以通过大数据进行合理的分析与组

织，更好地做到知人善任，量才录用，将人力资源的利用率提高，以最佳的人力成本为企业创造最大的经济价值。

（一）人力资源使用的界定与宗旨

1. 人力资源使用的界定

人力资源使用，是在经济学与人本思想指导下，通过有效的人力资源合理规划，在人员录用、人员激励、人员考核方面对组织人力资源进行有效运用，满足组织当前及未来发展的需要，保证组织目标实现与员工发展最大化的活动。

人力资源使用，贯穿企业人力发展的全过程。

人力资源使用，既要考虑组织目标的实现，又要考虑员工个人的发展，强调在实现组织目标的同时实现个人的全面发展。

人力资源使用的原则是把合适的人配置到适当的工作岗位上，引导新雇员进入组织，适应环境，才得其位、才得其用。

（1）人力资源使用的前提是"人得其位"

一个企业如何科学合理地选拔员工进入职位，是企业得以发展的基础。这是显而易见的道理。举一个很简单的例子，一个化工集团招聘过多学文科的员工，这个企业必然要走下坡路。虽然说这些人可以通过培训来使自己的知识结构得以改善，但是，能不能适应企业业务发展，还是一个未知数。专业不对口必然影响其才能的发挥。因此，无论是从招聘人才的企业的角度来说，还是从一个应聘者的角度来说，选择专业对口的企业或员工是尤为重要的。同时，对企业而言，选择那些道德水平高、业务素质好的员工作为新鲜血液，对企业的未来发展是意义重大的。

如何有效利用企业人力资源，以最佳人力成本创造最大的经济价值，是当代企业竞争获胜的重要法宝。科学有效配置人力资源，使之不浪费不闲置、高效运作，并建成一支高素质的人才队伍，是企业发展壮大的根本保障。人力资源优化配置的根本目的是更好地运用"人力"。人力资源的科学有效配置就是要合理而充分地利用包括体力、智力、知识力、创造力和技能等，通过一定的途径，创造良好的环境，使其与物质资源有效结合，以产生最大的社会效益和经济效益。这不仅是个人力资源管理学的问题，同时也是一个社会经济学的问题。

人力资源的资源性决定了这种对象的可开发性。人力资源开发就是针对人体所蕴含的各种能力及潜能而言的。而人的自主意识又对自己潜能的发挥起着重要作用。人力资源配置的优化就是通过一系列举措，使管理对象的所有能力包括潜能得到充分发挥，为社会经济发展所用，变成一种现实社会生产力。人力资源虽然是包含在人体内的一种生产能力，但如果人力资源配置的结果不当，也难以使这种能力发挥出来。

如果组织通过科学评价，使一个人获得了合适的工作岗位，那么下一步很重要的一件事就是建立与他的信任关系，从而使之对组织产生强烈的"归属感"，使员工发自内心地愿意长期为组织创造价值。员工归属感，指的是员工对所在组织的认同、奉献和忠诚态度。员工归属感的建立，是其在组织中"主人翁"角色获得的标志。专家指出，归属感是组织价值内在化，它能够生成内在驱动，是道德性的和自觉性的。员工归属感的作用巨大：产生大量的有利组织行为，工作热情积极，主动尽责，甘愿奉献与牺牲，不计报酬。培养员工的高度组织归属感，是高明的用人者的根本性任务。

（2）所谓会用人，就是会激励人

①激励的含义

"激励"一词源自英文单词 Motivation，本义是一个有机体在追求某种既定目标时的意愿程度。它有激发动机、鼓励行为、形成动力的含义，就是人们常说的调动积极性。

对人的激励过程就是满足其需求的过程，它以未能得到满足的需求开始，以需要得到满足而告终（即解除了紧张）。激励过程包括未满足的需要、紧张、内驱力、寻求行为、满足需要、新的需要。在激励过程中起作用的关键因素有个人的需要、个人的努力和组织目标三方面。

②激励的划分

激励类型的选择是做好激励工作的一个前提条件。激励有多种类型，可以从不同角度进行划分。

A. 从激励内容的角度，可以分为物质激励与精神激励两种类型

物质激励是从满足人的物质需要出发，对物质利益关系进行调节，从而激发人的向上动机并控制其行为的趋向。物质激励多以加薪、奖金等形式出现。

精神激励是以满足人的精神需要出发，对人的心理施加必要的影响，从而产生激发力，影响人的行为。精神激励多以表扬、记功、评先进、授予先进模范称号等形式出现。物质激励和精神激励目标是共同的，都是为了强化行为、提高人的工作积极性。但是，它们作用的着力点是不同的，前者主要作用于人的物质需要的满足；后者则着眼于人的心理，是对人的精神需要的满足。

B. 从激励的性质或方向的角度，可以把激励分为正激励和负激励两种类型

正激励是当一个人的行为符合组织的需要时，通过奖励的方式鼓励这种行为，以达到保持这种行为的目的。负激励是当一个人的行为不符合组织需要时，通过制裁的方式来抑制这种行为，以达到消除这种行为的目的。负激励的手段既可以是物质方面的，如降低工

资级别、罚款等，也可以是精神方面的，如批评、处分、记过等。正激励与负激励都以对人的行为进行强化为目的，但它们的取向相反。正激励起正强化的作用，是对行为的肯定；负激励起负强化的作用，是对行为的否定。

C. 从激励作用于对象的角度，可以把激励分为内激励和外激励两种类型

内激励源于人员对工作活动本身及任务完成所带来的满足感。它是通过工作设计（使员工对工作感兴趣）和启发诱导（使员工感到工作的重要性和意义）来激发员工的主动精神，使人们的工作热情建立在高度自觉的基础上，以发挥出内在的潜力。

外激励是运用环境条件来制约人们的动机，以此来强化或削弱相关行为，进而提高工作意愿。它多以行为规范或对工作活动和完成任务付给适当报酬的形式出现，限制或鼓励某些行为的产生，如建立岗位责任制，以对失职行为进行限制；设立合理化建议奖，用以激发工作人员的创造性和革新精神。

（3）人力资源激励的有关理论

半个世纪以来，管理学家、心理学家和社会学家从不同的角度研究了应当怎样激励人的问题，提出了许多激励理论。这些理论基本上可以分为内容型、过程型、行为改造型、综合激励型四类。下面简单介绍一下前三类。

①内容型激励理论

内容型激励理论侧重研究激发动机的因素。由于这类理论的内容都围绕着如何满足需要进行研究，因此也称为需要理论。它主要包括马斯洛的"需求层次论"、赫茨伯格的"双因素理论"和麦克利兰的"成就需要激励理论"等。

②过程型激励理论

过程型激励理论着重研究从动机的产生到采取具体行为的心理过程。这类理论都试图弄清人们对付出劳动、功效要求、薪酬奖励价值的认识，以达到激励的目的。它主要包括弗隆姆的"期望理论"、亚当斯的"公平理论"和洛克的"目标设置理论"等。

其中期望理论是指个体动机行为的活动过程为"个人努力+个人成绩+组织报酬+个人目标"。该理论核心是"期望值"。一个人积极性被调动的程度取决于各种目标的价值大小和期望概率的乘积。用公式表示，即

$$激励力量 = 目标价值 × 期望值$$

这一理论说明，激励对象对目标价值看得越大，估计实现的可能性越大，激发的力量也就越大；期望值的大小则决定于目标的价值大小和目标实现的可能性两因素。为此，应当在人力资源使用和管理中，解决努力与绩效的关系、绩效与报酬的关系、报酬与满足个人需要的关系。

公平理论是指个人将自己的"投入—报酬"关系与他人进行比较得到一定的感受，这种感受的反馈会影响下一步的努力。公平理论对管理实践有很重要的价值。首先，公平理论强调组织对待员工公平的方法的重要性，管理人员应该让员工们充分感受到他们受到了公平对待。其次，公平理论还提出在以人为中心的管理中，不仅注意组织中各个人的自身状况，还要特别注意组织内外的人与人之间比较的影响，防止人的"社会比较"引起行为的负效应。

③行为改造型激励理论

行为改造型激励理论，着眼于行为的结果，认为当行为的结果有利于个人时，行为会重复出现；反之，行为则会削弱和消退。这类理论以斯金纳的操作性条件反射为基础，侧重研究对被管理者行为的改造修正。它主要有"强化论""归因论""力场论"和"挫折理论"等。

2. 人力资源之激励性使用

现实的激励因素决定了员工工作动机的强弱。一般而言，现实的激励因素主要包括以下几方面。

（1）任用情况

知人善用，善于观察人，较快地认识人的兴趣、爱好、才能和知识，善于按事选人，平等竞争，使每个人拥有同样的机会，找到最适合发挥自己才干的舞台。

（2）信任程度

领导者与被领导者的互相理解、互相信任。

（3）晋升制度

每个人都希望晋升，但是由于职位有限，不可能满足所有人的晋升需求，因而要求一个公正、公平、严格考核、择优晋升的体系，激励员工不断提高自己、充实自己，在竞争中获胜。

（4）薪酬制度

薪酬在目前阶段仍是最主要的激励形式，要力争实现薪资制度的合理性、公正性与竞争性。

（5）奖励制度

奖励包括物质奖励和精神奖励，用来满足员工自尊和自我实现的需要，进而提高其工作积极性。没有公正的考核，就不会有公正的奖励制度。要正确处理物质奖励与精神奖励的关系，在保持一定物质奖励的基础上，着重提高精神奖励强度。

（6）处罚制度

可以有效防止和纠正各种非预期的行为，保护多数员工的主观积极性。

正确的处罚制度应注意：①处罚制度应保持严肃性，在反复调研的基础上产生，宽严适度；②处罚制度一经确定，就应严格遵循；③处罚制度主要针对少数人，而且是辅助手段，应防止过分夸大处罚的作用。

（7）参与程度

一个单位的成员，地位再低，也有他的自尊，也希望得到他人的尊重、理解和平等的对待，希望自己的看法和建议有人倾听并被采纳。因此，决策过程应该鼓励下级民主参与，以发挥下级的主观能动性。

（8）福利状况

福利包括住房、医疗保险、养老保障、工作环境、福利设施等，既是满足员工生存、安全、社交的重要途径，也是外在激励的重要组成部分。良好的福利条件，会使员工感到组织的温暖，增强组织的凝聚力，从而激发员工更加积极地工作，自觉发挥个人的主观性、创造性和能动性。

3. 人力资源使用的宗旨与原则

人力资源使用的宗旨在于能够最大限度地实现人尽其用、才尽其用，组织能够更加充分地发挥人的体能、智能、知识力、创造力，促使人力资源与物力资源实现完美结合，以产生最大的社会效益和经济效益。

人力资源的使用有三大原则。

（1）合理使用原则

人力资源的合理使用，即指人力资源得到充分地开发和运用，以达到人力资源供需的大体平衡，从而实现企业效益的最大化。

人员的能力和岗位相匹配，有利于人尽其才、才尽其用。为了实现人力资源的合理使用，组织应该避免一些不良现象，比如人浮于事、用非其人、机构臃肿、收益下降等。

（2）良性结构原则

人力资源的良性结构包括组织内所使用的人力资源的数量、质量、构成、效能等问题。配置得当，则"以一当十"；配置不当，则"十不抵一"。良性的人力资源结构不是随意即可形成的，需要开动脑筋加以谋划。

例如，组织的人才结构与组织战略紧密相关。组织战略转变，必然会引起组织人才结构的相应变化，否则不能完成组织的既定目标。良性的人力资源结构必然是既精简又高效的，唯有如此，才能够提高人力资源的投入产出率。

（3）效益提升原则

提高人力资源的使用效益，就是争取"高效劳动"，降低"低效劳动"，避免"无效劳动"。"高效劳动"既是组织需要的理想状态，也是实现人员潜能有效开发，使人力资源的价值得到充分实现的正确途径。

提高人力资源使用效益的方法很多，比如重视采用先进的科学技术，倡导技术革新、技术进步；重视采纳群众智慧，采纳合理化建议；实行对外开放政策，吸纳组织外部的先进经验等。

（二）大数据改进人力资源使用

大数据时代下人力资源管理模式的创新，有赖于管理者观念的更新，只有当管理者的观念和态度变化了，管理者的行动才能变化，从而促成管理模式创新的最终形成。然而，由于思维上的惯性，有的人力资源管理者仍然沿用传统的人力资源管理观念、方法开展工作，忽视了当前的大数据时代新格局。

利用大数据升级改造传统人力资源使用方法，就是顺应时代潮流，紧跟时代步伐，也是当今"互联网+"对人力资源领域的要求。

将"大数据思维"融入人力资源使用的各个环节，必将提高人力资源使用的效率和企业的价值。

1. 实行大数据思维，利用大数据决策

人力资源使用的大数据思维，基于大数据的理论分析，转变传统人力资源管理思维方式。维克托·迈尔·舍恩伯格指出：大数据颠覆了千百年来人类的思维惯例，对人类的认知和与世界交流的方式提出了全新的挑战。"大数据思维"变革主要包括以下三方面。

①人力资源使用者首先应具备大数据思维

人力资源使用者不仅需要战略上具备对使用对象的洞察力和前瞻性，还需具备拨云见日的本领，具备更高敏感性、专注力和创新思维的能力。同时，还要注重向员工培训和灌输大数据思维方式。

②将人力资源大数据视为组织发展中的核心生产要素

人力资源部门作为组织中的重要职能部门，每天需要接触处理的信息量逐渐变大，数据种类也日益多样化，如搜集员工基本信息、工作绩效统计、受训情况登记、人工成本计算、人力资本投资回报率、员工满意度、员工敬业度、核心员工流失率等。此外，组织外部可以获取的相关人力资源信息数量相当巨大，按大数据思维要求，需要把如此丰富的人力资源均视为组织资产加以利用。

③用人决策模式的转变

人力资源使用者需要将依据"经验+感觉"式的用人决策，转变为依据"事实+数据"

的用人决策。没有数据依据，只是凭借道听途说与主观经验的决策都是不可取的。

2. 优化组织数据库，进行大数据"人岗适配"分析

社交网络是目前拥有大数据的最大主体。组织能够借助社交网络的大数据获取应聘者的各类信息，包括工作信息、生活状况、社会关系、能力情况等都可能被人力资源部门所掌握了解，从而形成关于职工的立体信息，实现精准的"人岗匹配"。

"人岗匹配"的本质的要求是进岗者与岗位胜任力的匹配。也就是说"匹配度越高"，适才适用的概率越高。在传统的人力资源管理过程中，是否做到人岗匹配大多是非常模糊的。这是因为那时的"人岗匹配"就是基于上级主管的主观感觉、个人经验与判断。但在大数据时代，人力资源部门可以搭建一个可靠性较高的人岗匹配平台。在这个选拔匹配平台的前台，是对于目标岗位的系统描述以及候选者应该具备的各项胜任能力的素质要求。选拔匹配平台的后台，是候选者的各项能力素质指标按照目标岗位的胜任力维度进行分解展现，进而可以直观地观察候选者的胜任力与目标岗位的胜任力的匹配情况，进而极大提高选拔的精度与效率。

3. 适应大数据的开放要求，建立人才管理体系

大数据时代的到来，要求企业人力资源管理者顺应大数据的开放性要求，树立开放的思想和态度，以积极的态度将信息技术与人力资源管理工作结合起来，不要仅仅把视野局限于简单的人事管理工作，重在倡导员工在大数据平台上进行学习与沟通交流，从而不断丰富组织人力资源大数据，并把它应用到人力资源规划、招聘、培训、绩效考核和薪酬管理等环节中去。

建立基于大数据的企业人力资源管理体系，从宏观层面上说，是对企业发展进行指导性把控；从微观层面上来说，又是对组织内部的科学管理。要采取信息化、智能化的管理方式，以人为本，为员工价值的实现提供合适的平台实现员工和组织的共同发展。

4. 以大数据为基础，实行人员有效激励

"针对性+多元化"的有效激励，不仅是对员工过去业绩的肯定，使其获得成就感，而且对员工未来工作积极性的提高具有重大的意义。

随着人力资源管理系统的不断发展，薪酬激励的手段不断增多，体系日趋完善。在大数据时代，要以数据为基础，用事实说话，才能做到客观公正，保证人才队伍的稳定。

通过对行业、产业基础数据的广泛了解，对那些长期服务于公司的员工要加大物质激励的力度，并且通过全面的数据分析来确定具体额度。对那些在能力数据和潜力数据方面表现优秀的员工，还要采取多元化的激励手段。根据马斯洛的需求层次理论，对组织高层

或骨干员工，他们无不希望在专业上有所建树，在职位上有所提升，他们对名誉、权威的需求比物质利益更加强烈。因此，企业可以制订相应的进修计划、晋升计划。

此外，感情激励也是一种很好的激励手段，是对员工的关心与体贴。组织恰当地利用感情激励，能够调动员工的工作热情，培养员工的忠诚度，从而打造一支稳定的工作团队。例如，有的企业建立起了内部经济困难预警系统，当发现员工餐消费低于一定数额时，系统会自动给其发送通知，询问其是否需要帮助。相关人员还会进一步核实情况，最终确定是否对其提供帮助以及帮助的具体程度。

5. 利用社会徽章，提升人力使用水平

21世纪之初，麻省理工学院人类行为动力学组的研究人员将多个传感器组合成一个装置，能够做到同时检测不同的信号。这个东西叫"社会传感器"。从外表看，是一个灰色的盒子，里面装有一个红外线收发器、一个麦克风和两个加速度传感器。它的功能是能够了解人类多方面的行为。研究人员把它带到"5分钟相亲"节目，因为它能够记录下互动男女的大量社交信号。社交信号是指男女在相亲聊天时下意识传递给对方的信号，比如，声调的轻微变化、眉毛上扬或者是突然插话。通过复杂的计算，能够预测出这一对男女是否合得来，而且无须知道他们的谈话内容。事实证明，这个装置对相亲结果预测的准确率达到85%。

进入大数据时代后，这个社会传感器从不便佩戴的小盒子演变成一个小小的"超级徽章"，就像北大校徽一样。用这样一个徽章，记录收集五分钟的数据，就可以观察出员工的言行举止，找到提升工作效率的途径。同时，这个徽章还会暴露其他个人信息，例如所处位置、谈话对象、上班上厕所的时间，与其他部门人员交谈了多久等。但是，组织对这个东西的使用与否，尚存争论。使用徽章有利的一面是，可以充分了解员工，合理使用员工；不利的一面是可能侵犯员工隐私，有违法律。这个徽章还可以预测员工健康状况，包括是否抑郁、是否可能要离职、与内部哪些人合得来等。显然，对人力资源合理使用者来讲，这无疑是一个有用的利器。这个社会徽章还有一个作用，就是它不仅能够了解员工的个人表现，而且能够了解这个人参与团队合作的情况，它是通过成员间的沟通数据发现的。大家知道，管理者或领导用人的目的是完成既定的任务，因此人员间的相互理解与配合就显得格外重要。为了有效地完成任务，领导者需要事先配置人员，优化结构。极为有利的是，领导者能够利用"社会传感器"创造出"团队指纹"，也就是什么样的任务应该由什么样的人组合完成。这简直是出现了一个用人好参谋。专家称，利用感应数据，会让团队指纹成为机构成功的主要推动力；还认为"根据团队在不同时期的需要，通过搜集数据，人力大数据分析系统可以给出合理化建议"，调整"探索"与"执行"两者间的平衡，并对工作环境进行相应的调整。

参 考 文 献

[1]中国科协调研宣传部，中国科协创新战略研究院．科技人力资源与创新驱动[M]．北京：清华大学出版社，2018.

[2]汪昕宇．人力资源管理理论创新与实践[M]．北京：中央民族大学出版社，2018.

[3]马小平．高校人力资源管理发展与创新[M]．长春：吉林出版集团股份有限公司，2018.

[4]熊淑萍．基于积极组织行为学的心理资本与企业人力资源管理创新研究[M]．北京：北京工业大学出版社，2018.

[5]蔡黛沙，袁东兵，高胜寒．人力资源管理[M]．北京：国家行政学院出版社，2019.

[6]柴勇．旅游人力资源管理[M]．长沙：湖南大学出版社，2019.

[7]陈锡萍，梁建业，吴昭贤．人力资源管理实务[M]．北京：中国商务出版社，2019.

[8]龙海军．助理人力资源管理师[M]．北京：经济日报出版社，2019.

[9]李志．公共部门人力资源管理[M]．重庆：重庆大学出版社，2019.

[10]徐艳辉，全毅文，田芳．商业环境与人力资源管理[M]．长春：吉林大学出版社，2019.

[11]诸葛剑平．人力资源管理[M]．杭州：浙江工商大学出版社，2020.

[12]李燕萍，李锡元．人力资源管理[M]．3版．武汉：武汉大学出版社，2020.

[13]黄建春．人力资源管理概论[M]．重庆：重庆大学出版社，2020.

[14]朱舟．人力资源管理[M]．3版．上海：上海财经大学出版社，2020.

[15]穆胜．人力资源效能[M]．北京：机械工业出版社，2021.

[16]彭剑锋．人力资源管理概论[M]．3版．上海：复旦大学出版社，2021.

[17]刘仕祥．人力资源从新手到高手[M]．北京：台海出版社，2021.

[18]张利勇，杨美蓉，林莘莘．人力资源管理与行政工作[M]．长春：吉林人民出版社，2021.

[19]郎虎，王晓燕，吕佳．人力资源管理探索与实践[M]．长春：吉林人民出版社，2021.

［20］金艳青．人力资源管理与服务研究［M］．长春：吉林人民出版社，2021．

［21］赵大伟．培训与人力资源开发［M］．北京：北京理工大学出版社，2022．

［22］张燕娣．人力资源培训与开发［M］．上海：复旦大学出版社，2022．

［23］鲍立刚．东盟人力资源概况［M］．昆明：云南大学出版社，2022．

［24］夏天．人力资源管理案例分析［M］．北京：冶金工业出版社，2022．

［25］范围，白永亮．人力资源管理理论与实务［M］．北京：北京首都经济贸易大学出版社，2022．

［26］范围，白永亮．人力资源服务业管理理论与实务［M］．北京：北京首都经济贸易大学出版社，2022．

［27］王莹，李蕊，温毓敏．企业财务管理与现代人力资源服务［M］．长春：吉林出版集团股份有限公司，2022．

［28］严肃．人力资源管理最常用的 83 个工具［M］．北京：中国纺织出版社，2022．

［29］杨光瑶．人力资源管理高效工作法［M］．北京：中国铁道出版社，2022．

［30］张洪峰．现代人力资源管理模式与创新研究［M］．延吉：延边大学出版社，2022．

［31］何丛，梁晓静．人力资源合规管理全流程手册［M］．北京：中国法制出版社，2023．

［32］余明勤．人力资源管理法律实务全程指引：上［M］．北京：中国法制出版社，2023．

［33］温礼杰．资深 HR 教你从入门到精通［M］．北京：中华工商联合出版社，2023．